全学科阅读怎么做

著 林高明

江西教育出版社
·南昌·

赣版权登字-02-2025-014
版权所有 侵权必究

图书在版编目（CIP）数据

全学科阅读怎么做 / 林高明著. -- 南昌：江西教育出版社，2025.3. -- ISBN 978-7-5705-4193-5

Ⅰ.G632.46

中国国家版本馆CIP数据核字第2025DN4930号

全学科阅读怎么做
QUAN XUEKE YUEDU ZENME ZUO
林高明 著

江西教育出版社出版
（南昌市学府大道299号 邮编：330038）

出 品 人：熊　炽
责任编辑：曾　琴

各地新华书店经销
江西赣版印务有限公司印刷
710 毫米 ×1000 毫米　　16 开本　　16.25 印张　　224 千字
2025 年 3 月第 1 版　　2025 年 3 月第 1 次印刷

ISBN 978-7-5705-4193-5
定价：56.00 元

赣教版图书如有印装质量问题，请向我社调换　电话：0791-86710427
总编室电话：0791-86705643　　编辑部电话：0791-86708350
投稿邮箱：JXJYCBS@163.com　　网址：http://www.jxeph.com

目录

第一章　何谓及为何全学科阅读　1
第一节　何谓全学科阅读　1
第二节　为何全学科阅读　8

第二章　全学科阅读读什么　15
第一节　为什么要做全学科阅读的内容推荐　15
第二节　全学科阅读内容的推荐原则　18
第三节　全学科阅读的内容　24

第三章　全学科阅读的类型和路径　27
第一节　全学科阅读的类型　27
第二节　全学科阅读的路径　34

第四章　影响全学科阅读的六大要素　41
第一节　阅读兴趣　41
第二节　阅读背景　46
第三节　阅读策略　52
第四节　阅读词汇　58
第五节　阅读监控　63
第六节　阅读评价　69

第五章　全学科阅读的六大原则　77

第一节　有目的的阅读　77

第二节　有策略的阅读　85

第三节　能自主地阅读　91

第四节　有合作的阅读　97

第五节　有挑战的阅读　103

第六节　有反馈的阅读　110

第六章　全学科阅读的通识策略指导　118

第一节　提问性阅读策略指导　120

第二节　联系生活实际阅读策略指导　127

第三节　具身性阅读策略指导　132

第四节　批注式阅读策略指导　138

第五节　比较性阅读策略指导　145

第六节　批判性阅读策略指导　150

第七章　全学科阅读的学科策略指导　156

第一节　小学语文阅读策略指导　158

第二节　小学数学阅读策略指导　170

第三节　小学科学阅读策略指导　181

第四节　小学英语阅读策略指导　186

第八章　全学科阅读的教学设计与案例　193

第一节　批判性阅读策略指导课

　　——重读《书戴嵩画牛》等群文教学设计　193

第二节　引导发现，学以致用

　　——统编版小学语文五年级上册语文园地三"词句段运用"教学设计　201

第三节　三看周瑜

　　——《草船借箭》"1+X"群文阅读教学设计　208

第四节　快乐读书吧《十万个为什么》阅读推进课教学设计　214

第五节　《周长》教学设计　219

第六节　《设计图纸上的学问——组合图形的面积》教学实录　226

第七节　《岩石与土壤的故事》教学设计　234

第八节　《低碳生活每一天》（第二课时）教学设计　239

第九节　Tortoise and His Friends 教学设计　243

第十节　Tiger Is Coming 教学设计　248

后记　253

第一章
何谓及为何全学科阅读

第一节 何谓全学科阅读

案例1：

在教授李白的《望庐山瀑布》一诗时，有学生提出疑问：日照香炉怎么会生紫烟呢？水雾在阳光的照射下应该是五光十色的啊！面对这一棘手的问题，教师的态度也许有这几种：或含糊其词，或哑口无言，或避而不谈，或用缓兵之计让学生课后再探讨，然后不了了之……这样一来，以己之昏昏，怎么能使人昭昭呢？在教学过程中，教师若总是在学生疑而不决之处悬而不决，那么课堂便难以有行云流水般的畅达状态。久而久之，这种教学方式将使学生感到学习索然乏味，甚至对教师失去信任感。

如果教学中引入了杨叔子院士的《文与理：同根生，融则利》中的资料，那么学生的"疑"就可以解开：关于李白写的"日照香炉生紫烟"这一诗句，有人批评说，太阳光照在瀑布上怎么会呈现紫色呢？应该是五颜六色、五彩缤纷。研究已经表明，光在前进过程中遇到阻碍它前进的物体时，就会发生各种物理现象，如折射、入射、反射、衍射、散射，等等。其中有"漫射"，即当阻碍物的尺寸大体与光波波长尺寸相同时，就发生"漫射"，而"漫射"强度同光波波长的 4 次方成反比;可能李白那天看到的香炉峰瀑布的水的微粒,其尺寸大体与紫光光波波长相同,就发生了强烈的"全漫射",而紫光是可见光中光波最短的,于是就"生紫烟"了。

如果再引入谢琰所著《课本里的古诗词》里的资料,学生的眼界可能更为开阔:"紫烟"的"紫"与道教文化有关,代表着吉祥、高贵、神秘,比如"紫气东来"。李白是一个道教徒,道教徒都希望自己得道成仙。香炉峰以香炉为名,是因为这里水汽升腾,云雾缭绕,仿佛是从香炉中溢出、飘出的。"日照香炉生紫烟"是说庐山是人间仙境;"疑是银河落九天",是说人间仙境里的瀑布原来是从天上的神仙世界中落下来的!一头一尾,紧密呼应。只有这样读,才能读出一气贯通的磅礴气象。

案例 2:

在苏霍姆林斯基的《给教师的建议》一书中,有一篇专门讨论如何帮助"后进生"的文章,名为《谈谈对"后进生"的工作》。文中提到了一位名叫费佳的学生,他从三年级到七年级一直在苏霍姆林斯基的指导下学习。在三年级时,费佳对于算术应用题和乘法口诀的学习可以说是一塌糊涂。苏霍姆林斯基给费佳及其他后进生编了一本特殊的习题集,其中的每一道题都是从民间搜集来的引人入胜的小故事,其中绝大多数题目只要求学生动脑而不需要进行算术运算。他还为费佳搜集了大约 100 本书和小册子,这些专门为他从三年级到七年级的阅读而准备。后来,他又为费佳配备了另一套图书,约有 200 本。这些书有的与教学内容有直接联系,有的没有直接联系。就这样,费佳在五年级的时候,学习成绩就赶上来了。到了六年级,他对物理非常感兴趣,还成了"少年设计家小组"的成员。后来,他在学习上,尤其是历史与文学学习上仍然遇到过困难。但每一次,他都是通过阅读找到了克服困难的方法。七年级毕业后,费佳进入中等技术学校,后来成了一名技能高度熟练的专家——机床调整技师。苏霍姆林斯基写道:"请记住:儿童的学习越困难,他在学习中遇到的似乎无法克服的障碍越多,他就应当更多地阅读。阅读能教给他思考,而思考会变成一种激发智力的刺激。"

学生的学习过程中，阅读无处不在，无论是学科阅读还是全学科阅读都占据着重要地位。从这些阅读中，我们可以深刻体会到学科阅读以及全学科阅读的意义、价值与特点。

一、什么是全学科阅读

从字面上来理解，全学科阅读是关于中小学的全部学科的阅读。吴颖惠、宋世云等专家认为，全学科阅读是发生在中小学全部学科中的阅读，其内涵是以中小学生为阅读主体，以中小学全部学科所关联的各类信息为阅读客体，通过拓展阅读材料、提升阅读技巧来达到促进学科理解、培育核心素养的目的。全学科阅读的外延是指在学校全部学科开展的学科阅读、多学科阅读与跨学科阅读活动。张艳艳、王兆璟提出，全学科在形式内容上指向国家课程标准所设置的中小学所有学科，但并不是所有学科知识的简单叠加，其本质是超越单学科知识，面向知识蕴含的智慧与个体生命情感的联结，重在将知识内化为个体的涵养，使原本客观分立的知识在主体的认知中实现"知德合一"，即所谓"知识即美德"。全学科阅读作为一种新的育人模式，以落实立德树人为根本任务，以德行为支点，培根铸魂、启智增慧，重在培养能担当民族复兴大任的时代新人。

综合上述定义，我们认为全学科阅读旨在通过引导学生在全学段、全学科、全时空、全媒介的阅读，使其获得均衡全面的发展，提升综合素养。其一，全学科阅读的"全"字是针对大家错误的观念——阅读是"语文学科"的事而言的，倡导所有的学科都需要"阅读"；其二，全学科阅读的"全"是针对时间过程而言的，课前、课中、课后都需要"阅读"，在校时、毕业后都需要阅读，即终身学习、终身阅读；其三，全学科阅读的"全"倡导阅读的内容要比较"全面"，只有各学科间及各学科内在要素在精神营养上达到内在的均衡，才能让学生的心智全面和谐发展；其四，全学科阅读的"全"倡导学校、家庭、社区阅读，即人人阅读、全体阅读；其五，全科学阅读的"全"还体现在"全媒体"的覆盖上,纸质书、电子书,以及音频、视频等材料都可被整合进阅读范畴,即阅读的媒体是全面且综合的;其六,全学科阅读的"全"也包括单篇、群文、整本书及群书的阅读,还意味着阅读策略与方法的丰富、全面、综合。全学科阅读包含学科阅读、跨学科阅读、跨媒体阅读、主题性阅读、任务群阅读、项目化阅读……总而言之,全学科阅读是指向全科、全时、全面、全人、全媒、全策的阅读。

二、全学科阅读的特点

全学科阅读立足"阅读全书,培育全人",即通过全面均衡的各学科深度阅读,促进五育融合,培育全面和谐发展的新人。全学科阅读具有如下特点。

(一)素养性

全学科阅读的终极意义在于培养学习者的核心素养,指向阅读者必备品格和关键能力的发展。每一个学科都有其特定的学科价值、学科文化、学科思维、学科知识、学科方法,而全学科阅读不但要培养学生各个学科的核心素养,也要整合各个学科的视角、思维方式,帮助学生形成丰富、深刻且多样的综合思维方式,从而培育综合性核心素养。

袁晓萍老师在《基于单元整体设计开展多种课型教学》中提出,在数学教学过程中可以引入数学史料。比如,在学生初步掌握了基本的"图形化归"方法后,教师发起阅读话题——"古人是如何计算多边形面积的",引导学生深度阅读中国数学古籍《九章算术》中的"方田章",在课堂上进行阅读分享、交流讨论,让学生获得对"出入相补原理"的深刻理解,让传统的数学史实与课本知识相互碰撞,以"史"育人,实现学科内在知识与传统文化的相互滋养、相互融合。

（二）综合性

所谓综合性，一是指阅读内容的综合性。全学科阅读倡导各个学科、各个门类的阅读，涵盖自然科学、社会科学、人文科学等所有学科的阅读，这打破了人们对"阅读"停留在"语文学科"层面的观念。二是指阅读媒介的综合性。一方面，线上线下、纸媒与电子媒介相互融合，为读者提供了多样化的阅读平台；另一方面，文字、图像、音频、视频等多种形式的阅读素材也相互交织，构成了丰富的阅读内容。在这种综合性的阅读环境中，读者既可以进行符号阅读，也可以进行现场阅读，天、地、人、事物都被纳入全学科全视域的阅读客体之中。三是指阅读方法的综合性，只要有助于对阅读材料的深度理解，各种各样的阅读方法皆可运用。

林娟老师在实践中提出跨界阅读，比如，在阅读《牛郎织女》的故事时引入连环画、歌曲《牛郎织女》、黄梅戏《牛郎织女》等；阅读《梁山伯与祝英台》的故事后，可以向学生推荐吕思清演奏的小提琴协奏曲《梁祝》、巫漪丽弹奏的钢琴曲《梁祝》、徐克导演的电影《梁祝》等，以及与该故事相关的连环画、电视剧、舞剧、歌剧等其他不同艺术表现形式的作品。

高玉、刘金梅老师针对四年级学生，组织了主题为"探秘海底未知"的学习活动，课前先引导学生从科学、文学、哲学三个角度阅读《海底两万里》。学生阅读后，提出许多问题：潜望镜是怎么制作的，需要哪些合适的材料？海底世界真的有植物吗，它们怎么呼吸？潜水艇沉入海底后可以待多久，如果不浮出水面怎么补给氧气？……好奇心驱使学生到数字图书馆继续寻找答案。在教师的指导下，学生分成"海底生物生态体系""设计制作潜望镜""破解潜水艇的奥秘"等小组，在数字图书馆查阅了《走，去深海》《潜艇》《世界潜艇百科全书》《潜望镜的秘密》《平面镜的成像原理》《揭秘海洋》《海洋那些重要的事》等图书和视频资料后，通过线上线下融合的方式进行了深入探究。他们小组合作，不仅绘图并制作了潜望镜和潜水艇模型，还创建了虚拟海底环境等，以此进一步体验小说中的情节和场景。数字化学习有助于学生打破学科壁垒，激活语言思维、科学思维，培养人文精神与科学素养。

（三）自主性

自主阅读是一个过程，它蕴含着读者自己选择阅读材料、方法、时间的能力。在这个过程中，读者需要自主调控阅读，同时自主监测阅读成果。仅限于课堂之内的全学科阅读不过是管中窥豹，仅限于教师的指导而缺乏自主性的全学科阅读不过是"听命从事"，其效果都是极其有限的。全学科阅读旨在打开学生的眼界，打开学生自由阅读的世界。全学科阅读涉及的内容的边界可以说是"无远而弗届"，可以"仰观宇宙之大，俯察品类之盛"。全学科阅读涉及的时空包括课堂内外、学校内外，尤其是课堂之外的更多的时间与更大的空间可以让学生进行全学科阅读。全学科阅读得法于课内，得益于课外。通过教师示范性的指导，学生不断生成适合自己、适合各个学科的阅读策略与方法，从而成为真正自主的阅读者。

某市重点中学一考生的高考语文单科成绩位列全省第一，他的作文很受老师推崇。不少人询问他学习语文的秘诀，他说无非多读书，千方百计地自主阅读，博览群书。

（四）创造性

全学科阅读是为了培养学生的创造性而展开的阅读，同时，全学科阅读还是一种创造性的阅读。可以说，全学科阅读是为创造而阅读，是在创造性地阅读，在阅读中创造，培养学生成为"主动的阅读者、积极的思考者、创意的表达者"。这种创造意味着在全学科阅读的过程中，学生应发现、学习并掌握甚至创造富有成效的阅读策略与方法，在真实的任务情境中解决问题，完成任务，制作或创作相关的产品、作品等，并由此培养学生的发散思维、统整能力、创新意识、创造精神与创造能力等。

刘畅在《儿童视角下的自主教育实践》一文中列举了北京市海淀区中关村第一小学研究性学习进课堂的案例。科学课上，老师把编写科学书的任务交给了学生，让学生通过观察、思考、讨论、探究，把研究过程通过图画、文字等形式记录在自制的科学书上。在学习东北虎的相关内容时，学生通过查阅资料、访谈研究专家、分析视频资料等方式，研究东北虎数量减少的原因，最后得出结论：由于环境污染、过度开发、树木被大量砍伐，东北虎的栖息地受到严重的破坏；不法商贩收购虎皮、虎骨，也使东北虎不断被猎杀。在此基础上，学生提出了若干条保护东北虎的措施，编写了科学教材——《中国珍稀动物之东北虎篇》。自制"科学书"，既让学生获得了科学知识，也让学生学会了科学方法，感受到严谨的科学精神。

第二节　为何全学科阅读

阅读是一种"立德树人""培根铸魂""启智增慧"的活动。全学科阅读是立足于全人教育,提升阅读者全面核心素养的活动。2023年3月27日,教育部等八部门印发的《全国青少年学生读书行动实施方案》提出,"引导激励青少年学生爱读书、读好书、善读书,立志为中华民族伟大复兴而读书"。这里的"爱读书、读好书、善读书"的"书"就指向各个领域、各个门类、各个学科。联合国教科文组织2021年发布的报告《一起重新构想我们的未来:为教育打造新的社会契约》认为,培养学生独立阅读和查阅各学科复杂文本的能力和习惯,能为他们开启更广阔的未来之门,使他们能够以更公平的方式与知识共享和互动。具体而言,全学科阅读具有如下意义与价值。

一、培育健全的灵魂

德国哲学家费尔巴哈提出,人就是他所吃的东西。阅读史是一个人的精神发育史与心灵成长史,而精神的发育与心灵的成长均需要"营养的均衡"与"营养的综合"。不少人因偏食、挑食,造成了营养不良或肥胖症等。阅读也是一样的道理,如果不能达成各学科的平衡,就会造成精神上的畸形、思维上的偏执、心灵上的缺陷。

比如,在《格列佛游记》中有描述"我"来到勒皮他岛的情景。这座岛上的人只关注数学与音乐,对其他学问与学科一概不管。他们的外衣装饰有太阳、星球图案,吃的食物会被切成等边三角形、菱形,或者做成乐器的形状。他们建造的房屋墙壁倾斜,因为他们认为实用几何学很粗俗且机械。他们的思维及心理活动仅仅局限于数学与音乐两门学科。他们不善于讲道理，总是粗暴地反对别人。他们对于想象、幻想、发明全无概念，他们的言语中也没有任何可以表达观念的词。

学生若侧重于某一学科，特别是语文学科的阅读，往往容易导致营养的失衡（在中小学中，许多学生偏向于文学类的阅读）。加拿大著名阅读研究专家阿德丽安·吉尔提出，超过80%的课堂书籍属于文学作品范畴；而我们在课外进行的阅读中，大约有80%的作品是知识型读物。我们不难发现二者之间存在脱节。

"'偏食'必然导致偏心""'偏食'必然导致偏见"。阅读的"偏食"，可能会导致心灵的残缺不全。然而现实中，不少学生在阅读中存在着"不但'偏食'，而且除了教科书、教辅与练习册之外，再没有其他阅读"的可怕现象。只关注教科书的阅读必定造成精神的"贫血"。

新教育实验发起人朱永新教授提出，学科可以分设、知识可以分类、学习可以分期，但人的精神成长需求却不能分割。中小学生在精神成长过程中，特别需要精神养分搭配全面的、成体系的阅读，特别需要学科内在知识与精神的相互融合与共同滋养。目前中小学开设的任何一门课，包括一些该开未开、想开未开的课，都可以借助阅读实现学科视野的拓展与学科之间的融合。所以，中小学学科阅读是学生阅读发展的大趋势，也是奠定学生未来发展的基础。进行学科阅读不是为了"各自为政"，而是为了融会贯通，为学生调配均衡、健康、营养丰富的精神食粮。

二、培育核心素养

学科阅读可以通过良好的阅读发展学生的学科素养、核心素养。《义务教育课程方案（2022年版）》中提出，"加强课程综合，注重关联""注重培养学生在真实情境中综合运用知识解决问题的能力""原则上，各门课程用不少于10%的课时设计跨学科主题学习""推进综合学习""探索大单元教学，积极开展主题化、项目式学习等综合性教学活动，促进学生举一反三、融会贯通，加强知识间的内在关联，促进知识结构化"。课程方案强调课程综合、关联、综合运用、跨学科主题学习等，这需要通过拓展全学科阅读来更好地达成。

苏联教育家苏霍姆林斯基20多年的学校教育教学改革实践证明，全学科阅读有助于促进学生对学科的理解，促进学生深度学习学科思想等。他认为，如果少年学生除教科书以外什么都不阅读，那他就连教科书也读不好，学生要很好地理解教材的内容，至少要阅读比教材内容多3倍的相关资料，否则学生很难有联系、有建构地学习。他提到，学校里有一位优秀的数学教师特卡琴柯，他所教的中学生无一不及格。这位老师的创造性劳动最突出的一个特点，就是他善于合理地组织阅读，通过阅读来发展学生的智力、才能。特卡琴柯从五年级教到十年级，他为教的每一个年级都设有一个绝妙的小图书馆，里面有不止100种书。这些书以鲜明且引人入胜的形式讲述了他认为世界上最有趣的科学——数学。如果没有这些图书，那么他的某些学生是永远也不会及格的。例如，在教方程之前，学生就读了数十页关于方程的书，其中包含了引人入胜的故事，讲述了方程是如何作为"动脑筋习题"在民间的智慧中逐渐形成的。

比如，兰臻校长在《从"立象尽意"到"依象寻情"：古诗教学的旨归与优化》一文中提出，在讲解《己亥杂诗》中"万马齐喑"这一意象时，教师应当引导学生从三个层面进行意象的品析：一是初步明确其表面义（所有的马都沉寂无声）；二是探究其暗含之义（人们不敢发表意见）；三是联系龚自珍的创作背景，如腐败的清政府、文字狱等历史背景资料，引导学生依托时代背景展开联想（在腐朽的清政府的统治压制下，社会陷入人才被扼杀、思想被禁锢的局面）。这样的教学就是通过引入历史资料，引导学生深度阅读、深度思考，从文化、语言、思维、审美角度进行品读，从而提升语文学科核心素养。

学科阅读可以在不知不觉间，引导学生深入学科领域中的"大概念"，为学生进行学科探索与研究埋下充满希望的"种子"。全学科阅读为学生的学习奠定了无比广阔的智力背景,为教材的学习提供了知识诞生的前因后果、来龙去脉,让学习者探究某一知识的发生、发展、变化、应用等条件、情境及故事。这种学习是一种完整的、富有结构性的学习,为学生学习的转化、内化与深化创造了良好的条件。朱永新教授提出,在教学过程中,教师指导学生阅读学科经典,不仅会增加学生的学习兴趣,而且课堂也会更丰富,文化容量也会增加。因此,学科阅读要从学校开始,从教室开始,从教师和学生开始。

三、应对核心素养背景下考试与评价的发展

核心素养背景下的考试与评价主要强调综合性、情境性、开放性、创造性的测验。《义务教育课程方案(2022年版)》指出:"全面推进基于核心素养的考试评价""增强试题的探究性、开放性、综合性"。《义务教育语文课程标准(2022年版)》指出:"考试命题应以情境为载体,依据学生在真实情境下解决问题的过程和结果评定其素养水平。"命题应"抓住社会生活中常见但又值得深思的真实场景,创设新颖、有趣、内涵丰富的情境,设计多样的问题或任务,激发学生内在动机和探究欲望"。这种学业质量测评靠题海战术和机械训练是难以为继的。温儒敏教授提出,把培养读书兴趣,作为语文教学的头等大事。近年来,高考试卷中,不仅语文学科,其他学科也广泛融入了跨学科知识。特别是语文命题,涵盖了历史、地理、科学、经济、时政等多个领域,旨在全面考查学生的阅读面、知识面以及阅读习惯。

美国伊利诺伊大学厄巴纳-香槟分校的克罗姆利教授曾在包括美国在内的多个国家研究"孩子的阅读量"和"科学课的表现"两者之间的关系,最后发现,这两者具有非常大的正相关性,数学学科同样与阅读关联紧密。芬兰于韦斯屈莱大学心理学系博士奥诺拉发现,阅读时更注重技巧的孩子,在理解、解决数学问题方面的能力更强。美国亚利桑那州立大学

的格里姆教授也持有同样的观点，他曾对小学三年级的学生进行采样分析，最后发现，阅读理解能力更强的学生，能够更快地掌握解决问题和处理数据的能力。2018年的一项学习研究表明：阅读不仅能丰富认知，还能塑造大脑。在该项研究中，研究人员利用功能性磁共振成像对学习中的受测对象进行观测，发现在阅读能力测试中表现越好的受测者，其大脑各区域的互动也越活跃。加拿大多伦多大学应用心理学和人类发展学教授基思·斯坦诺维奇曾指出，阅读能力增长缓慢，会导致孩子在认知、行为和动机方面的负向累积，会阻碍孩子学术能力和认知能力的发展，并影响孩子的学习成绩。这种状态持续时间越长，孩子在更多的认知和行为领域的表现就会越差。

邻居家孩子在念八年级时，物理考试每次都是全班第一，基本在95分以上，可是有一次考砸了，只考了80分。他妈妈问他为什么考砸了，他说了这样一个理由：这次物理试卷的最后一道题中有古诗词，还有绕口令，他根本读不懂题目是什么意思。只要老师一解释清楚题目的意思，他就能快速且准确地运用公式列出算式并进行计算。其问题出在哪里呢？出在全学科阅读能力的不足与阅读背景的缺乏。

核心素养的评估是一种复杂情境下的表现性评价。比利时学者罗日叶认为，通过复杂情境进行的评估是循着"整合的"逻辑进行的，是在单个或若干个复杂情境中以"联结"的方式检查学生的"学业获得"，而不是检查他们总共学习了多少。杨向东教授指出，国内一直强调核心素养的考核与情境不可分割，并认为在针对学生核心素养发展的终结性和形成性评价中，评估任务设计要强调情境化和开放性。

某市一重点中学的副校长讲述了这样一个故事：某年高考，某校两名理科考生因高中阶段成绩始终名列全市前茅，是公认能上清华大学、北京大学的热门人选。考生1平时勤奋地刷题，是做题高手；考生2平时则爱看书，各个学科、各种门类的书都看，思路开阔灵活。结果，在高考数学的最后一道跨学科综合情境题中，考生1百思不得其解，最终未能作答；

而考生 2 则迅速理解题意，并快速且准确地解决了问题。考生 1 在高考结束后跟老师交流，说他当时看不懂题意，在老师讲解题意后他就知道怎么作答了。只可惜为时已晚。最后，成绩揭晓，考生 2 如愿以偿，考上清华大学，而考生 1 则与清华大学、北京大学失之交臂。若我们缺乏必要的学科阅读背景，以及全学科阅读积累，便往往难以深入理解学科的本质，更无法真正领悟和精通其中的学科精神与思想。阅读能力是基础，阅读水平高，理解能力强，才有利于其他学科的学习。

四、实现以"学"为中心

倡导全学科阅读是实现课堂教学从以"教"为中心转向以"学"为中心的关键命脉，其能有效地促进学生学习能力的提升。新课程方案及新课标积极倡导建构以"学"为中心的课堂，即课堂教学中要将更多的时空还给学生，让课堂真正成为学生"学习"的地方，而不是教师"讲授"的地方。课堂教学出现高耗、低效的重要原因，在于教师的"教"过度地挤占了学生的"学"，课堂上主要还是教师在讲授。余文森教授提出，教是教不会的，只有学才能学会。所以，建构以"学"为中心的课堂，就是要留给学生更多的时空让他们自己去阅读、思考、表达，把课堂上更多的时间还给学生。只有充分地阅读，才能有深度地思考，才能有创造性地表达。吴颖惠、宋世云等专家认为，"课堂革命"的起点应从阅读入手，将阅读融入学科学习，以阅读带动教与学的变革，让学生在阅读中找回学习自主权，发展学习兴趣，建立学习信心，培养学习能力。

五、研究启示

对于个人、国家及民族来说，阅读力就是学习力，就是生存力，就是发展力。美国作家史蒂夫·西博尔德在过去的 30 年里采访了全球各地 1200 多位成功人士。他说："通过阅读来自学是成功人士的共性。国家与民族的未来就深藏在'图书馆'与'阅览室'里，或者更直接地说是深藏在'阅读'里。"人们常说，推动摇篮的手是推动世界的手。其实，翻开"书籍"的手才是推动世界的手。"国际成人能力评估调查"显示，经济合作与发展组织的成员国中有两亿多名工人没有具备最基本的基础技能——他们的阅读能力甚至不如我们对10岁孩子的期待。也就是说，他们的阅读能力不如我们预估的10岁孩子的阅读能力。对于我国来说，建构书香社会、书香民族更是增强国家软实力与竞争力的重中之重。2021年，我国的少年儿童读物总印数已接近9.7亿册，但0～17周岁未成年人的人均图书阅读量仅为10.93本，与世界发达国家相比仍有较大差距。在这样的背景下，积极倡导与推进全学科阅读更是大势所趋、潮流所向。

第二章
全学科阅读读什么

第一节 为什么要做全学科阅读的内容推荐

阅读的边界就是思想的边界，阅读的范围就是世界的范围。加拿大作家阿尔维托·曼古埃尔的《阅读史》中写道："阅读书页上的字母只是它的诸多面相之一。天文学家阅读一张不复存在的星星图；日本的建筑师阅读准备盖房子的土地，以保护它免受邪恶势力侵袭；动物学家阅读森林中动物的臭迹……我们每个人都阅读自身及周遭的世界，俾以稍得了解自身与所处。我们阅读以求了解或是开窍。我们不得不阅读。阅读，几乎就如同呼吸一般，是我们的基本功能。"按理来说，全学科阅读的内容应当广泛而多元，只要是有利于学生身心健康发展的、具有营养价值的书籍，无论其内容属于哪个学科门类，都值得阅读。此外，阅读的范围还应扩展到自然、社会、人生等更广阔的领域。那么，为什么要探讨与推荐全学科阅读的内容呢？

首先，面对浩瀚的书海，任何人穷其一生所能读的书不过是沧海一粟。庄子在几千年前就说："吾生也有涯，而知也无涯，以有涯随无涯，殆已。"（生命是有限度的，而学问知识是无穷尽的，拿有限度的生命去追求无穷尽的知识，多危险呀）那么，这是否意味着我们无须追求学问知识和广泛阅读呢？显然不是。我们的阅读与追求应当有所取舍。未来学家阿尔温·托夫勒在《未来的震荡》一书中指出，就知识的增长速度来说，今天出生的小孩到大学毕业的时候，世界上的知识总量将增加4倍；当这个小孩50岁时，全世界的知识总量将增加32倍，而且，全世界97%的知识都是在他出生以后才研究出来的。那么，现在知识的增长速度更是令人难以想象的。专家证实，整个人类历史过程中积累的知识被人们利用的仅占2%～3%。苏联教育家苏霍姆林斯基经过大量的实践调查研究后提出，一般而言，一个人一生当中能读2000多本书。这2000多本书放在人类文化的书籍宝库中来看，只能算是沧海一粟，渺小至极。那么，如果我们没有取舍的意识，阅读后的收获可能就少之又少了。所以，我们要有所读有所不读，读有所先有所后，有所主有所次，有所详有所略。

其次，书籍世界泥沙俱下、良莠不齐，阅读要精选有意义、有价值的书籍，否则，可能会费时、费力地阅读错误的或无价值的内容，最终一无所获，甚至误入歧途。俄国文艺批评家别林斯基认为，阅读一本不适合自己阅读的书，比不阅读还要坏。我们必须学会这样一种本领，选择最有价值、最适合自己的读物。如著名的阅读研究专家斯蒂芬·克拉生举例子说，许多教师阅读得越多，写作水平越差。其原因在于，他们更多的是阅读学生的作业与作品，没有阅读更高层次的内容。因此，研究与推荐全学科阅读内容至关重要。文艺复兴时期，人文学者把阅读视为塑造心灵和人格的大事，所以格外重视阅读好书和正确阅读。人文主义思想家伊拉斯谟就发出这样的警示：通过阅读，无声的文字会变成道德和思维方式。我们不应该在没有预防措施的情况下，让生性顽劣和暴力的男童阅读阿喀琉斯、亚历山大大帝、薛西斯一世或恺撒的事迹。美国教育家莫蒂默·阿德勒认为，我们只有从比我们优异的人那里才能学到东西。所以，我们必须知道谁比我们优异，如何去向他们学习，能搞清楚这两个问题的人，也就是我们所说的懂得读书艺术的人。或许我们每个人都有这种阅读能力，只要我们把阅读的技巧应用于比较有价值的著作上，并且努力去阅读，我们绝对可以读得更好，获得更多。苏霍姆林斯基在帕夫雷什学校引导全校教师用十多年的时间阅读与实验，从而研制出适合帕夫雷什学校每个年级学生的必读及选读推荐书目。

最后，推荐阅读书目是给学生一张心灵的阅读地图、一份精神的探索指南。阅读推荐就是给阅读者指南针，为他们的阅读导航。通过阅读推荐，学生可以化难为易、化繁为简，可以根据指引迅速地选择自己需要的读物，而不必在浩如烟海的书籍中为该读什么书而劳神苦思。这意义就如同李时珍的《本草纲目》，细细列举各种草药的形状、特征、产地、药性、功效等，后人就不必再像神农尝百草一样去一一品尝，而是对李时珍的研究成果进行分析比较并明确运用。有了基本的书目推荐，我们就无须从零开始，一本一本地去翻阅、判断书籍的价值。因为这样的重新选择过程，可能会像面对一望无际的书海那样浩瀚无边，让人望而生畏，甚至感到无望，有时即使劳劳碌碌也一无所获。所以，我们要从专业的角度为学生的阅读生活做"引路人"。阅读推荐就是给学生一张精神生活的藏宝图。所以，于光远先生指出，一个书目的价值不亚于一条高速公路。

第二节　全学科阅读内容的推荐原则

阅读推荐不能凭个人的主观喜好进行，而要深思熟虑地系统思考，要立足于学生的成长，立足于全学科知识的系统建构，立足于核心素养的培养等。据教育部基础教育课程教材发展中心《中小学生阅读指导目录（2020年版）》，我们可以将中小学生阅读书目的研制原则归纳为六大方面：（1）方向性。以立德树人、全面发展为方向。（2）代表性。选择经过时间淘洗，有较高思想价值、文化价值或科学价值的代表性经典读物。（3）适宜性。关注学生的兴趣、认知水平、身心发展及学习生活和思想。（4）基础性。尽量少而精，奠定科学文化与国民基本素质提升的基础。（5）全面性。覆盖多领域，兼顾多学科，贯通古今中外，平衡题材、体裁、风格。（6）开放性。与时俱进，动态调整，不断完善。朱永新教授提出了中小学学生学科阅读书目的研制原则：（1）关注作品所体现的核心价值观。（2）既尊重学生的兴趣，又强调书目的引导性。（3）既尊重市场的选择，又强调作品的经典性。（4）既关注作品的趣味性，又关注作品的思想性。（5）既凸显民族的文化传统，又强调作为世界公民所具有的现代理念。（6）既强调共读、共写、共同生活，又尊重孩子的自由选择。（7）既关注学生的年龄特点，又考虑各个学段之间的衔接。陶行知先生提出，好书的标准是能给人带来新的知识、新的方法、新的思维、新的价值、新的行动。

整合上述原则，结合我们在日常全学科阅读推进与实践活动中的经验，全学科阅读内容的推荐要基于以下原则。

一、立足教材

教材(教科书)是根据课程标准编写的学生学科学习的重要文本及资源,是学生学习的重要材料。好的教材一般会关注学科逻辑、学习逻辑、生活逻辑的有机整合与联系,能够更好地启发学生学习学科知识、学科思维、学科方法、学科价值,形成学科素养。教材是学生最基本的阅读资源,是学生学会特定学科阅读方法的关键之一。在现实教育教学中,师生用于阅读教材的时间不足,也缺乏对阅读方法的研究与运用。所以,学科阅读首先要立足于教材阅读。立足教材是为了拓展教材、超越教材。朱永新教授认为,早期的经验对儿童的成长非常重要。一个人真正的精神饥饿感只有在中小学阶段才能够形成。对于人的精神成长而言,教材就相当于母乳。母乳营养丰富,很安全,很容易消化和吸收。教材把人类最重要的知识,用比较科学的方式整合成易于儿童接受的形式和内容,在比较短的时间内让学生掌握,也是营养最丰富、最容易消化吸收的。但是,教材不可能是儿童成长的唯一精神食粮,就像母乳不可能伴随孩子一生。孩子需要其他精神食粮,他们精神的成长需要不断阅读适合各个年龄阶段发展的优秀作品,在所有的基础书目中,小学生的基础阅读书目最为重要。

美国著名教育学家理查德·阿灵顿研究了模范教师与普通教师做法之间的不同之处。据他的调查,模范教师创建了多信息来源、多层次、不局限于传统教科书的课程。他们不是一口否定教科书,而是视它们为整套社会科学教程的组成部分。以教材为圆心,不断地拓展阅读的时空,真正实现"得法课内,得益课外;得法课本,得益课外",使教材阅读与拓展阅读相辅相成、互相成全、互相促进。比如,学习"圆周率"时可以推荐学生阅读《圆周率的历史》,学习《摔跤》一文时可以推荐学生阅读《小兵张嘎》……

二、立足经典

郝明义先生在《越读者》中指出，我们读的顶多是些轻松读物、教材和导读书；离开学校之后，则是小读物和故事书……因此，我们的阅读层次、谈话内容和思想深度都显得非常肤浅，仿佛只停留在小人国或侏儒的层面。学问及读书之道"取乎其上，得乎其中；取乎其中，得乎其下；取乎其下，则无所得矣"。只有读第一等的书，才能有第一等的学问，养成第一等的眼光与第一等的胸襟。经典书籍就是经过时间考验、历史选择的优秀人类精神成果，它具有根本性、生长性、永恒性。阅读经典，可以给我们的思想以启迪、精神以提升、智慧以澄明、心灵以丰盈。印度文学家泰戈尔说过一句话：如果我小时候没有听过童话故事，没有读过《一千零一夜》和《鲁滨逊漂流记》，那么我现在眼中的世界就不会这么美好。美国作家梭罗指出两种文盲形态：一种是目不识丁；另一种是识字，可是却只读儿童读物和简易读物。科学家研究发现，喜欢阅读《百年孤独》的学生的成绩远远优异于热爱《呼啸山庄》的学生；喜欢经典音乐作品的学生的成绩远远优异于喜欢流行音乐作品的学生。而排除了这两类学生经济状况群体性差异之后，神经生命科学家得出结论，经典作品（包括文学、音乐等范畴）的逻辑复杂，能够促进人的脑神经发展；而通俗作品逻辑简单、节奏强烈，不利于大脑综合发展。比如，挪威数学家阿贝尔通过阅读高斯的《算术研究》而受益颇深，并说："要想在数学上取得进展，就应该阅读大师的而不是他们的门徒的著作。"例如，当代俄罗斯电影大师塔可夫斯基在孩童时代，他母亲就让他读《战争与和平》，并时常援引书中的片段，向他指出托尔斯泰文章的妙处。《战争与和平》就成了他鉴赏艺术作品的重要标尺，因此他对"垃圾作品"有着强烈的嫌恶感。阅读经典作品，要养成"曾经沧海难为水，除却巫山不是云"的阅读品位。

三、立足儿童

儿童是阅读的主体，阅读如果不符合儿童的兴趣、需要、认知及发展等，必然与儿童内在生命格格不入。在推荐阅读内容时，首先要关注儿童的阅读兴趣。一般而言，大多数孩子喜欢阅读书中主角与自己年龄差不多的书，所谓"儿童喜欢看儿童"。儿童在不同的年龄阶段及学段会有不同的阅读兴趣与需求，也表现出不同的阅读心理认知特征。《义务教育语文课程标准（2022年版）》中对于整本书阅读的要求为：第一学段阅读图画书、儿歌集、童话书；第二学段阅读《小英雄雨来》《雷锋的故事》等英雄模范事迹图书，阅读《稻草人》《爱的教育》等儿童文学名著，阅读中国古今寓言、中国神话传说等；第三学段阅读反映革命传统的《可爱的中国》《小兵张嘎》《闪闪的红星》等作品，阅读《寄小读者》《十万个为什么》《海底两万里》等文学、科普、科幻等类型的优秀作品。我们根据阅读推广实践及儿童阅读实际经验观察，提出低年级侧重绘本阅读、儿歌童谣、儿童诗的阅读，强调学科童话、学科故事的阅读；中年级侧重神话传说、寓言故事、学科科普短篇的阅读；高年级侧重各学科名家故事、儿童小说及各学科不同文体作品的阅读。各个年龄段学生的兴趣点不一样，男生与女生的兴趣点也不一样。最佳的做法是，我们要关照具体每个学生的兴趣、爱好、需要、发展的特点等方面。阅读有其特定的规律。如果我们掌握了阅读的心理活动特征和规律，就可以根据这些规律和特征，因势利导地规划自己的阅读种类与方向，从而避免陷入"盲人骑瞎马，夜半临深池"的局面。有了相应的阅读导向，我们就可以变暗中摸索为明中探讨。

四、立足综合

庄子在很早以前就对"知识的四分五裂"进行了批评，称"道术将为天下裂"。四分五裂的知识是无法养成圆融具足的智慧的。古希腊哲学家柏拉图在《理想国》中提出由"哲学王"来治国的理想，这里的"哲学王"指的就是那些能够将阅读所得的知识、生活经验以及人生哲理高度融会贯通的人。世界从来就是综合的，知识从来就是综合的，缺乏综合性的知识往往缺乏活力与生命力。核心素养的内涵之一就是在真实的情境中解决复杂问题的能力，而复杂的问题从来不是靠单个学科、单一的知识就能解决的。基于此，我们强调综合性阅读。这里的综合性，首先是学科的综合、学科与生活的综合、门类的综合。就像人们需要吃五谷杂粮、各式各样的食物来保持营养均衡一样，如果挑食、偏食，往往会造成营养不良。同样地，将阅读与生活相结合，也是强调综合性的重要体现。其次是阅读媒介的综合。面对信息时代、网络社会，阅读不仅指纸媒阅读，而且要与电子阅读结合起来。在实际阅读中，读者往往有两个错误的倾向：一是一味地强调纸媒阅读，对电子阅读视而不见、充耳不闻；二是一味地进行电子阅读，冷落纸媒阅读。这两种媒介对于学科阅读都是必不可少的，只有有机地整合起来才能更好地提高阅读的效率与质量。此外，综合还体现为经典阅读与通俗阅读的综合、专业阅读与兴趣阅读的综合、推荐阅读与自主阅读的综合。

陈秀娟老师在《在"无边界"的阅读情境中"读""思""行"》中提到的"无边界"阅读，其实就是综合性的阅读。她指出，在信息迅速传递的时代，多种媒体交汇的时空中，我们发现了一种引人入胜的阅读实践方法：创设跨媒介边界的情境，使阅读从平面走向立体。这一具有创新性的阅读方式，是将书本中的故事情节与编程技术相融合，让学生在动脑、动手的过程中化抽象的书面文字为一个个栩栩如生的"形象"，将平面的故事世界延伸成立体的体验空间，从而不断激发学生的创造力与想象力。例如，牛津树系列绘本不仅富有连续性、趣味性，而且留白多，为读者提供了充足的拓展空间。以 Where next? 为例，这本绘本讲述了几个孩子在下雨天一起玩耍的故事。故事从"这是一把有魔法的钥匙，可以带我们去任何地方"开始，呈现了几组精彩对话，展现了几个孩子天马行空的想象。究竟这几个孩子可以去什么地方，这个地方有什么显著特征，会发生什么事情呢？绘本的插图仅描绘了一部分孩子想象的游戏画面，这激发了小读者们的好奇心。为了将书中的虚构元素转化为可听、可视、可触碰的内容，小读者们行动了起来。他们走进图书馆查阅资料，搜集整理了大量与对话情境相关的画面素材,用编程的方式让虚拟的画面"动了起来"。借助不同媒介,读者脑海里的构想与绘本的内容结合成真实可感的动画作品,让原来的故事更加立体与饱满,让读者与绘本的互动更具真实性。这样的阅读与实践过程体现了思辨与实践的共融:读者需要对文本有自己独到的见解,需要具备一定的创作能力和审美品位,需要掌握相关的编程知识与技能……虽然,跨媒介边界的阅读与实践仍处于探索的初步阶段,但在信息科技腾飞的时代,这必将成为一种趋势。立体阅读更符合儿童的认知规律,可以赋予小读者更多的探索空间。当书中角色和场景从单一纸页维度变成多维时,互动指数上升,便能更好地在儿童心中埋下热爱阅读的种子,激发儿童的好奇心与求知欲。

五、立足自主

阅读是灵魂的自由游历,书籍的世界是一块无边无际的精神版图,可以做到"有书即可逍遥游,上天入地任自由"。这个自由来自自主阅读。从某种意义上说,每位成熟阅读者的阅读都是一个精神自主成长、自主建构、自主创造的过程。如果阅读者缺乏这种自主阅读的精神,那么阅读就无法"生产阅读者本身","阅读即成长"就此中断,甚至阅读反而成为一种"知识的负累"与"精神的障碍"。我们在借鉴他人推荐的阅读书目来阅读的基础上,也倡导自主阅读,将推荐阅读与自主阅读结合起来。只有这样,我们才能找到属于自己的阅读方法、领域,才能建设自己的心灵圣殿与知识宝库。美国人唐娜琳·米勒在《书语者:如何激发孩子的阅读潜能》中一直强调给予学生选书的自主权,她声称:学生拥抱心中那个爱阅读的自己,是从他们为自己选书开始的。为什么自主选书如此重要?这是因为,给学生机会去选择自己想读的书,可以赋予他们阅读的动力,并使他们受到鼓舞。尊重读者,给予他一定程度的自主权,会增强其自信心,并培养正向的阅读观。没有自主权的读者是没有热情和动力去读书的。自主选择,就意味着更多的自我挑战与自我承担,意味着更多的自我期待与自我发展。

第三节　全学科阅读的内容

精神的发育与心灵的成长需要的是阅读上"营养的均衡"与"营养的综合"。在阅读内容上，应以孩子的阅读兴趣为基础进行推荐引导，做到丰富多彩，合理搭配，做到涵盖全学科，涉及全媒介（影视、动漫、纸质书、电子书等），实现德智体美劳"五育并举"的阅读。基于此，我们参照《全国青少年学生读书行动实施方案》《中小学生阅读指导目录（2020年版）》《全国中小学图书馆（室）推荐书目》以及教育部基础教育课程教材发展中心发布的《中小学生阅读指导目录》等指导文件，结合各阅读研究机构推荐书目及广大教师的实践，兼顾全学科，采用"推荐＋自选"的方式来选择阅读书籍。

全学科阅读是否能让每个学生都真正参与并从中获益，很大程度上取决于学校及班级有没有配备相应的图书与资源。选配、推荐与学科主题内容相对应的图书与资源是推进学科阅读的基本前提与物质条件。那么，学科阅读的相关图书与资源包括哪些内容呢？具体包括以下几个方面。

1. 各学科教材。

2. 教材中提供的阅读推荐书目及阅读资源延伸。

3. 与每一个学科教材重要内容的主题相对应的图书与资源。《全国青少年学生读书行动实施方案》结合各学科课程教学和跨学科主题教学活动，有针对性地指导学生阅读课内外相关读物。

4. 各学科课程标准中推荐阅读的书籍。

5. 教育部基础教育课程教材发展中心《中小学生阅读指导目录（2020

年版）》(共推荐300种图书，其中小学、初中、高中分别为110种、100种、90种）。教育部遴选推荐的347种幼儿图画书，涉及儿童诗、童话、寓言等多种体裁，内容丰富，风格多样。

6. 对各研究机构研制的推荐书目进行筛选，并与学科教材内容相整合，如从朱永新教授领导的新教育研究院新阅读研究所研制的《中国中小学生基础阅读书目》中筛选相应图书与资源。

7. 师生在阅读中积累的与教材内容紧密相关的图书与资源，如与教材内容相对应的绘本。

8. 与跨学科主题学习内容相关的图书与资源。

9. 甄选优质的数字资源，链接丰富的电子阅读资源，使纸媒阅读与电子阅读相辅相成。可有效利用"学习强国"、中国语言文字数字博物馆及各地各校数字平台，选择适宜、优质、多样、健康的阅读资源。

10. 根据学生个人的阅读兴趣及个性发展自主拓展相应学科的阅读图书与资源。一是由教师根据学生阅读情况有针对性地推荐。《义务教育语文课程标准（2022年版）》提出，各类历史、文化读物，以及介绍自然科学与社会科学常识的普及性读物等，可由语文教师和有关学科教师商议推荐。二是尊重学生的自主选择。在学生阅读过程中，对于学生喜欢的读物不能一味地贬低与排斥，而是适当地加以引导。美国著名阅读推广人莎拉·麦肯齐在《如何阅读能让孩子受益一生》中提出，贬低孩子喜欢的东西并不会带来什么好处。事实恰好相反，这么做会给孩子造成很大的伤害，会让孩子想不通自己的问题究竟出在哪儿。她认为轻松读物就像餐桌上的一碗棉花糖，旁边还摆着其他各种更有营养的食物。棉花糖不会"喧宾夺主"，让人忽略桌上的丰富美食，它只不过是一顿丰盛大餐中一份可口的小菜罢了。这些图书与资源要根据具体的教与学的需要进行精选，视具体情况确定哪本需要精读、哪本需要略读，哪本的哪部分需要精读、哪部分需要略读。学科阅读图书与资源的选、读、用"因'材'而异，因学而异，因人而异，因'目的'而异"。

尤其重要的是，全学科阅读的最高境界就是阅读天地之大、阅读草芥之微、阅读日月星辰、阅读人间百态……以生活为书，以世界为书，以自然为书。正如阿尔维托·曼古埃尔在《阅读史》中引用美国著名诗人惠特曼说的话："我们的任务就是阅读这个世界，因为这一本巨大的书是我们尘世之人唯一的知识来源。"

第三章
全学科阅读的类型和路径

第一节 全学科阅读的类型

全学科阅读从不同角度可以分为多种类型，比如，从媒介角度可分为纸媒阅读、电子阅读、混合阅读；从篇幅角度可分为单篇阅读、群文阅读、整书阅读、群书阅读、综合阅读等。我们从具体实践上的简易性、可操作性方面来考量，根据全学科阅读与教材的关联程度及学科间的融合情况，把全学科阅读分为学科阅读、多学科阅读及跨学科阅读三种类型。

一、学科阅读

学科阅读是对学科教材及与学科直接相关的资料（资源）的阅读，是立足学科核心素养，为培养学科思维、学科方法、学科能力而进行的关于本学科教材及学科的延伸、拓展的阅读。王荣生教授提出，借助了教科书（教材）的自学，至少有两种方式：一种是学科导向的，系统地学习教科书所承载的学习内容，透彻地理解学科的核心概念及其概念性知识体系。另一种是问题导向的，基于现实世界的真实问题，在认识问题、分析问题、解决问题的探究过程中，选择、学习并利用相关的学科知识。这种方式，本质上是跨学科的。这里的学科阅读指的是王荣生教授提出的第一种，即学科导向的，系统地学习教科书所承载的学习内容。也就是说，学科阅读包含着对学科教材的阅读及学科教材延伸与拓展的阅读。

（一）对学科教材的阅读

韩国作家金明美认为，与其他书相比，教材是最优秀的学习指导书，当然，前提是学生能够正确阅读并理解其中的内容。也就是说，只要学生能够正确地阅读教材，就可以成功地提高学习成绩，体会到学习的乐趣。在实际教学中，不少学生缺乏有效阅读学科教材的策略与能力，所以，全学科阅读首先要立足于学科教材的阅读。例如，在整体初读教材时，引导学生阅读编者序、目录、每个章节的主要内容、每个单元的关键概念，尤其是引导学生回顾上个学年或更早之前学过的内容，以形成知识的链条与结构。在精读教材某个内容时，则引导学生进行关联性阅读、比较性阅读、建构性阅读、操作性阅读、应用性阅读等。例如，魏瑞霞老师在《相遇问题》的教学中让学生研读教材的方法：首先，通过"你能用喜欢的方法把信息和问题整理一下吗""比一比，谁的方法能让大家一眼就看明白这个问题"，引导学生用摘录法、列表法、画图法等解题策略自主表征问题；其次，通过"比一比，这些方法有什么异同点""哪种方法能让大家一眼就看明白这个问题"，引导学生质疑问难、比较辨析，厘清各种方法的联系，揭示相遇问题的本质；最后，教师围绕"画线段图"表征"相遇问题"这一重点方法，从"动画感知—教师示范—学生修正"等方面进行专项指导，引导学生体会线段图的画法和优越性。

（二）对学科教材的延伸与拓展阅读

朱永新教授提出，教材的作用相当于母乳。但是教材再浓缩，也不可能容纳人类文明的全部成果，更不可能囊括人类已知的全部知识。全学科阅读不能止步于学科教材的阅读，还要在教材阅读的基础上对教材进行延伸与拓展，只有这样才能更好地引导学生进行深度理解，促进学科核心素养的培养。比如，陈妹仔老师提出，科学《岩石与土壤的故事》作为单元的起始课，引入绘本《神奇校车——地球内部探秘》，让学生了解地球的全貌，以及岩石和土壤在地球上的分布，初步认识它们的结构、形成过程和用途。绘本中大量的现象、事实、事物涵盖了整个单元的知识背景，也给学生打下了理解科学概念所需的智力底子，激发了学生的学习兴趣和热情。关于岩石和土壤更加详细、深入的知识，则需要在后面几节课中结合科学的观察方法及观察工具的使用再慢慢进行研究。物理学家韦斯科夫曾以生动的比喻来形容知识的本质，他说："我们的知识就像是一个小岛，不断扩大，它与未知海洋的交界就越大。"伴随着知识的增长，学生的思维也逐渐发散，新的问题也会不断涌现。课后可再推荐其他相关图书，如《超级科学家·地质》《矿物与岩石图鉴》《改变历史进程的50种矿物》等，以满足学生的好奇心和求知欲，让学生继续探索，将课堂延伸到课外。

二、多学科阅读

多学科阅读是指围绕主题（或话题）进行多学科、多方面、多角度的阅读，以建立各学科知识间的关联。近现代教育家俞子夷先生曾经在江苏省第一师范学校附属小学（今苏州实验小学）开展了一些局部改革，后被称为"联络教材"实验。俞子夷提出联络教材的方法有三种：第一，不打破学科的界限，把性质相关的教材安排在接近的时间教学；第二，打破学科的界限，把相关的教材组织在一起；第三，完全打破学科的界限，把各个学科完全组织在一个中心问题中，如设计教学法。这里的第三种方法实际上就是跨学科阅读，而前两种方法可称为多学科阅读。世界是纷繁复杂的，知识是综合整体的，整本书（或单篇文本）中往往蕴含着多种学科。为此，在研读时可以从各个学科的视角来观照。比如，《红楼梦》可以从文学角度来阅读，可以从历史学角度来阅读，也可以从美食学角度来阅读，还可以从建筑学角度来阅读……利用多学科视角进行阅读就如同从不同的维度来观测及学习某一事物。常见的如阅读《拔萝卜》这一童话故事时,让学生观察萝卜、了解萝卜的特点及生长过程;让学生画萝卜;让学生唱《拔萝卜》的歌曲;让学生表演《拔萝卜》的童话剧……

各学科之间"孤军作战,各自为政"造成的知识四分五裂的问题,不是一时半刻就能完全解决的。要在短时间内追求学科间的无缝对接及有机融合显然是不可能的。多学科阅读就是探寻各个学科之间的某些联结点,或基于某些切入点对多个学科进行一定程度的关联与统整。比如,在某一学习内容中进行多学科阅读的设计。潘淼老师在统编版小学道德与法治二年级上册《团团圆圆过中秋》的教学中,设计多学科阅读,引导学生感知中华优秀传统文化的代表之一"中秋节"。其具体教学活动安排如下。

1. 了解得深:了解现象背后的本质。

课始,教师提出"大家怎样过中秋"的问题,引导学生开展风俗叙事,即讲述各地不同的中秋习俗。结合课前搜集的资料和生活经验,学生交流分享,讲述各地的过节故事:汉族赏月、吃月饼、饮桂花酒,苗族"跳月",傣族"拜月",蒙古族"骑马追月"……借助图片、音频、视频等多种方式,学生能身临其境,和人们一起欢度中秋佳节。仅仅知其然还不够,还要知其所以然:知晓中秋习俗还不够,还要了解为什么会有这样的习俗。为此,教师又提出了第二个更具思维张力的问题:"根据你了解的中秋习俗,说一说你感受到的中秋节是一个怎样的节日。"促使学生深入思考,了解现象背后的本质。学生从历史、地理、文化等视角进行探讨,他们了解到:中秋节是一个其乐融融、万家团圆的节日,是一个热热闹闹、庆祝丰收的节日,是一个思念故乡、思念亲人的节日。至此,学生不仅知晓了中秋节的传统习俗,还了解了习俗背后的文化,认识到中秋节对于中国人的意义。

2. 感受得深:体会故事蕴含的情感。

教材呈现了咏月的诗歌《静夜思》和《望月怀远》。教师顺势而为,组织学生开展诗词叙事——举办"中秋赛诗会",让学生在读诗、品诗中感受中秋文化所蕴含的人文情怀,从"你看到的中秋节"和"你感受到的中秋情"两个方面,引导学生进行情感体验。每一首诗歌背后,都有一个动人的故事。李商隐的《嫦娥》引出了中秋节的传说;苏轼的《水调歌头·明月几时有》表达了对弟弟苏辙的思念,时隔一年,苏辙的《水调歌头·徐州中秋》则写出了对兄弟短暂相聚的珍惜之情。通过深入挖掘和感受叙事背后的情感,学生体会到了中国人中秋节特有的赏月思亲文化情结,同时也被中华文化的独特魅力深深吸引,进而增强了对中华文化的认同感和归属感。

3. 领悟得深:挖掘情感背后的观念。

教师接着提问:"今年,你是怎样过中秋节的?"引导学生开展生活叙事——出示本班学生赏月、吃月饼和家人团聚的调查数据,引导学生思考:现在中秋节的味道为什么变淡了呢?学生根据已有经验和认知,展开小组讨论,梳理出中秋节味道变淡原因的关键词:工作忙、假期短、对文化了解与习俗传承不足……各组派出代表,围绕关键词,通过叙事表达、故事实证的方式,向全班解释说明中秋节味道变淡的原因。教师根据学生的汇报,帮助梳理概括,得出"对中秋节传统文化了解得不够是根本原因,现代生活方式的冲击是直接原因"的结论。学生在交流观点的过程中,经历了对生活信息的提炼和概括;在解释说明的过程中,又经历了信息的组织和交流。从叙事的具象思维到抽象的逻辑思维,学生实现了思维能力的发展。

三、跨学科阅读

国际文凭组织提出,跨学科学习是这样一个过程,即学生对两个或两个以上学科或学科组的知识体系产生理解,并对它们进行整合,从而创造出新的理解。艾伦·雷普克、里克·斯佐斯塔克在《如何进行跨学科研究》中提出,跨学科研究是回答问题、解决问题、处理问题的进程,这些问题太宽泛、太复杂,靠单门学科不足以解决;它以学科为依托,以整合见解、构建更全面的认识为目的。整合这两者的定义,我们认为,跨学科阅读,是学生基于复杂的单一学科难以理解或解决的问题，通过对两个以上学科的相关知识内容的阅读与运用，在解决问题的过程中，获得新的理解及方法，促进学科核心素养及跨学科核心素养提升的一种阅读方式。

如果说多学科阅读是走向全学科阅读融合的第一步或初级阶段，那么跨学科阅读则是多学科阅读的深化与提升，是走向全学科阅读融合的更高追求。跨学科阅读的意义在于：增强阅读的活力与防止知识"惰性"的产生，促进全学科之间的关联与活用；增强阅读与现实生活情境及问题情境的关联，通过阅读解决复杂的真实问题，促进阅读的迁移与运用；打破学科边界，促进各学科融合，突破思维固化的藩篱，提升组合创造能力。当代科技创新领军人物马斯克认为，我们应该尽可能广泛涉猎各个科目。很多创新发明都是跨学科的成果。我们的知识储备越来越庞大，所以必须能够融会贯通。如果有人能把不同领域的知识结合在一起，就有机会创造出超常成果，这里有大把的创新机会。他鼓励大家尽可能广泛地学习各个科目。对于工科学生，他建议去学一点经济学、文学或其他领域的知识。他建议，在有兴趣的前提下大家可以学习各个领域的基础知识，然后思考一下如何将不同领域的知识融会贯通。这样很容易产生奇思妙想。

跨学科阅读有助于人们理解单一学科难以解决的问题。比如，一位教师在教学《游园不值》一诗时，有学生指出公园里很多杏花是白色的，为什么诗人叶绍翁要用"一枝红杏出墙来"来描述呢？面对这个问题教师要如何解决呢？教师可以引导学生搜集古诗词中描写杏花的语句，调动他们的兴趣。在此基础上，再让学生观察春天杏花的颜色变化，并让他们查找并阅读相应的生物学知识，了解杏花开放的过程，即含苞待放时花骨朵是红色的，绽放后颜色逐渐变淡，花落时就变成白色。由此，学生理解"一枝红杏"是写含苞待放的杏花，意味着春天的蓬勃生机，而如果是"一枝白杏"，那就意味着凋落，无法让人感受到春天涌动的生命力。所以，用"红杏出墙来"更合适，可以让人联想起满园的春色及勃勃生机。

跨学科阅读有助于人们更好地完成创造性的项目或任务。比如，莆田市城厢区教师进修学校附属兴安小学在低年级开展创编"数学故事"绘本活动,通过语文、数学、美术教师的团队教学与合作教学,引导学生阅读大量的数学绘本。在此基础上,在学习数学学科每个单元或主题的过程中,教师让学生学会观察学校、家庭、社区日常生活中关于数学知识及应用的情境,捕捉小场景、小片段、小故事,用绘画或文字的方式表现出来,要求"数学故事"能完整地表现"发现问题—分析问题—应用数学—解决问题"的过程。第一阶段由小组合作创编短小的数学故事绘本;第二阶段由个体独立创编短小的数学故事绘本;第三阶段则由同桌合作创编篇幅较长的数学故事绘本。这一教学过程,不仅综合运用了语文、数学、美术的学科知识,而且加强了学习与生活的联系,促进了学生观察力、思维力、创造力、表达力及合作力的提升。

当然,跨学科阅读在具体操作中要尽量关注以下要素,才能获得更好的效果:基于真实、复杂的多学科问题情境;有针对性地搜集全学科相关阅读资源;运用多样化的学习工具、支架及策略,进行深度探究、成果展示及过程性反思与评价。

第二节　全学科阅读的路径

推进全学科阅读的路径有两条：一是融入课堂教学的全学科阅读；二是与学科教材及课堂学习不直接相关的自由阅读。

一、推进融入课堂教学的全学科阅读

"融入课堂教学的全学科阅读"是指在学科教学中将全学科阅读融入课堂教学过程，目的是促进学生学科核心素养的养成与提升。其具有明确的目标意识、问题解决意识、方法策略意识、全面融合意识、实践运用意识，分别对应目的性、问题性、策略性、融合性、运用性的特点。

"融入课堂教学的全学科阅读"是推进全学科阅读最直接、最有效、最重要的路径之一。为什么强调全学科阅读要融入课堂教学的全过程呢？有以下几点理由：（1）课堂教学中，学生学科阅读的时间严重不足，导致学生学科阅读能力较弱，学生自主阅读、思考、整合的过程不充分。倡导全学科阅读融入课堂就是倒逼教师腾出更多的时间让学生自主阅读、思考、整合，实现以教为中心到以学为中心的转向。（2）课堂教学仅限于"教材"的方寸之地，没有与广阔的学科知识宝库、学科思想方法与文化世界相关联，只能培养视野狭窄、思维僵化的学生。强调将课堂教学融入"全学科阅读"，就是将学科的边界、心灵的疆域、思想的边界不断地扩大，也将学生学习及生命的格局不断地扩大。（3）没有立足教材、立足课堂教学的全学科阅读往往会导致这样的结果——课外阅读是课外阅读的事、教材是教材的事、课内学习是课内学习的事，这三者互不相关，或相关性不强。不少教师也认为，教材及课堂的学习任务已经满满当当了，

再加上课外阅读,不是"锦上添花"或"雪中送炭",而是"雪上加霜""难上加难"。在取舍之间,教师们不假思索地舍去了课外阅读。如此,阅读就会被学生看作负担。所以,要让全学科阅读能真正生根发芽、开花结果,就要将全学科阅读和教材、课堂教学有机结合、融为一体,否则再美好的设想都可能是空中楼阁。(4)新课程方案、课程标准理念及教学要求强调全学科的阅读及整合运用能力。如"推进综合学习""探索大单元教学,积极开展主题化、项目式学习等综合性教学活动,促进学生举一反三、融会贯通,加强知识间的内在关联,促进知识结构化"。强调综合、关联、跨学科、基于真实情境的学习,就意味着要培养学生全学科的阅读及整合运用能力。

如何推进融入课堂教学的全学科阅读呢?

(一)立足学科教材,开展阅读指导

各学科教材是师生教与学的重要载体,也是培养学生学科核心素养的重要依托。全学科阅读首先要立足学科教材。否则,全学科阅读就会失去基本立足点与生长点。在实际教学中,教材阅读存在不少问题,如师生忽视教材阅读,教师以讲解教材代替学生阅读教材,学生缺乏阅读教材的兴趣,学生缺乏教材阅读的策略方法,学生缺乏研读教材的能力,等等。基于此,我们主要采用以下几种有针对性的阅读策略:针对学习目标的预学性教材阅读,针对问题解决的尝试性教材阅读,针对激发兴趣的挑战性教材阅读,针对学习工具与支架运用的策略性教材阅读,针对拓展深度的研究性、批判性教材阅读,等等。这些有效的阅读策略为课内阅读在课外阅读的迁移运用提供了强有力的支持。

(二)针对拓展阅读,开展融合指导

当下,不少教师对学生课外阅读的指导存在课堂教学的内容与课外阅读的内容不同步,或相关性不强的问题。这容易导致课堂教学与课外阅读两者脱节,加重学生负担。如此一来,课外阅读往往难以为继,最终不

读了之。全学科阅读在课前、课中、课后各有作用、各有体现，我们应全程跟进，一以贯之。

1.**课前的阅读指导**：为了激趣，为了导思，为了铺垫。

学生学习教材的深度、高度及广度在很大程度上取决于其是否具备相应学习主题的知识背景与一定的学习经验。对于孤立的信息或资料的认识是不够的，必须把信息和资料放置在它们的背景中以使它们获得意义。法国思想家巴斯蒂安说："背景化是（认识运作）发挥效能的一个基本条件。"课前指导学生对于相关主题资源的阅读而言是成功学习的前提。具体应做到：学生预先规划及学习教师（或学生）推荐的与主题内容相关的资源（包括单篇文本、群文、专著等），为学习主题内容做智力背景铺垫；学生对预学的内容有圈点批画，有概括，有统整，有质疑；尝试去理解与关联主题内容。

可以说，缺乏课前的阅读及指导而追求课堂教学质量的任何做法，往往是沙上建塔、空中楼阁，徒费心机且劳而无功。

2.**课中的阅读指导**：为了聚焦，为了解"难"，为了深化，为了升华。

学生的学习是在原有的水平上低层次徘徊，还是实现"跳高"与"攀岩"，取决于教师在课堂中如何引导学生运用课外阅读资源进行关联性研读。尤其是学习重难点时，当学生理解不深不透，思维受到局限，难以突围时，更需要引进阅读的"源头活水"来浇灌。宋代朱熹在《观书有感》中写道："向来枉费推移力，此日中流自在行。"同样，缺乏广泛的阅读，思维不活跃，读教材就觉得难乎其难。大量的课外阅读可以激发学生的思维活力，教材中的难题就能化难为易、化易为宝。课中的阅读指导应引导学生具体做到：能运用课前学习的相关资源深入理解、探究、推断、创生主题内容，能正确理解主题内容，能建立课内外学习的关联，有跨学科的资源整合，有跨媒介的资源运用，能形成更娴熟或新的适宜的学习策略与方法，能有个性化见解、创造性发现。比如，在小学数学三年级下册《年、月、日》的教学中，教师引导学生课前阅读关于年、月、日形成的过程等资料。

在教学中，学生通过查找资料，理解了年、月、日主要是根据天文学知识而衍生出来的概念，即根据地球绕太阳公转、地球自转以及月亮绕地球公转的知识而形成的，从而开阔了学生的知识视野，激发了学生更强的探索欲望。

沃尔夫在《普鲁斯特与乌贼——阅读如何改变我们的思维》一书中提出这样一个观点：阅读正是一种神经上与智能上的迂回行为，文字所提供的直接信息与读者产生的间接且不可预期的思绪，都大大丰富了阅读活动。"不可预期的思绪"产生了丰富的阅读活动与智力活动。通过阅读的碰撞、材料的比较、资源的整合，学生的思维被激活，灵性被唤醒，这时深度学习、创造性学习便发生了。

3. 课后的阅读指导：为了拓展，为了丰富，为了延伸，为了翱翔。

一般情况下，某一主题课堂教学结束，师生都觉得大功告成，至少是暂告一段落。这种有头无尾、虎头蛇尾、有始无终的学习普遍存在于我们的学科教学之中。特别是，将课外阅读视为引子、视为助力，而忽略课外阅读的创生及持续的情况比比皆是。这种做法不利于学生系统化知识的建构，也不利于学生研究意识及能力的培养，更不利于学生自由探索精神的培养。我们强调课堂教学的结束应是延伸阅读与拓展研究的开始与持续。陶行知先生提出，研究学问的法宝就是"一""集""剖""钻""韧"五字秘诀，而这秘诀的核心就是对某一主题进行持之以恒的阅读及研究。基于这样的认识，我们认为的课后阅读指导要引导学生具体做到：能持续研读相关书籍及其他资源；能有效地运用合适的学习策略与方法（尤其是新学习的策略与方法）进行研究；能进行主题性阅读；能主动地基于教材拓展阅读；能主动地进行跨学科阅读；能主动和同学分享彼此的阅读成果；能主动地运用阅读建构思考，运用阅读解决学科问题及生活问题。如学习了孔子关于学习的论述及《两小儿辩日》等内容之后，可以引导学生围绕"孔子的读书"这一专题，阅读李长之的《孔子传》、蔡志忠的《漫画孔子》、李泽厚的《论语今读》等图书。

综上，只有课堂教学与全学科阅读交融互汇，课堂教学才能更有质地、更有厚度、更有内涵，全学科阅读才更有融合感、更有创造感。只有课堂教学与全学科阅读全过程、全方位地交融互汇，才能更有效地培养、提升学生的学科核心素养。

二、推进与学科教材及课堂学习不直接相关的自由阅读

如果说融入课堂教学的全学科阅读是奠基与保底的阅读工程，是促进全学科阅读扎实有效推进的重要路径，那么，与学科教材及课堂学习并不直接相关的自由阅读则是全学科阅读的拓展延伸与生长。斯蒂芬·克拉生在《阅读的力量》中指出，自由阅读是指阅读者纯粹出于兴趣，不需要写读书报告，也不用回答章节后问题的阅读方式。若是不喜欢这本书，也不必勉强读完它。自由阅读让许多人为之着迷。我们认为，自由阅读是指根据自己的兴趣、需要、能力等，自主选择阅读资源、阅读时间、阅读方法与策略，自主地进行阅读监控、反思和评价的阅读活动过程。为什么我们强调学生要进行自由阅读呢？

（一）自由是人的天性

追求自由是人的天性。美国著名作家兰斯顿·休斯在诗中写道："有像自由一样的字眼，讲起来甜蜜而又舒坦。日日夜夜，岁岁年年，自由在拨动我的心弦。有像自由一样的字眼，几乎使我大声呐喊。你如果知道我的经历，你就会明白我的情感。"如果说融入学科及课堂教学的全学科阅读是一种"圈养"，那么自由阅读则是一种"放养"。将阅读的时空及内容进行规范化预设固然有助于全体学生推进全面阅读，但是，它从某种程度上也束缚了学生阅读的自主性、积极性与创造性的发挥。为此，我们倡导"规范阅读"与"自由阅读"有机结合。

（二）自由是阅读的本性

阅读是不断地激活阅读者的想象、情感、思维、经验、体验，在字里

行间自由穿梭,用自己的心力尝试与作者共建一个第二世界的过程。在这个世界里,我们携带着过去所遇见的人、事、物、景、情、理,以及阅读过的无数书籍中的片段。当我们用眼睛扫描文字时,就会连通无数的过去,潜藏在深处的生活场景如同被魔法召唤一般"凝聚"在眼前。过去的真实与文字所构建的世界不断地交织融合,如酿酒一般,酝酿出属于阅读者的全新知识、图景、情感与思想。阅读就是驱遣自由的想象,进行自由的创造;阅读是由阅读者参与其中的自主创生的过程。没有阅读者积极主动、自主地创造,就没有文本的再生甚至复活。

(三)自由阅读带来思想疆域的拓展

一个固守教材的阅读者,眼界狭窄、思维僵化、思想狭隘,甚至很难培养起真正的阅读力与思考力。世界著名语言学家、阅读教育理论研究者斯蒂芬·克拉生教授在《自主阅读》中指出,许多研究证实,自选读物读得越多,知道得也越多。一些重要研究指出,自选读物阅读有助于拓展知识,无论是与文学或历史有关的知识,还是科学或社会研究方面的知识,抑或更实用的知识。有研究者整理了许多与创造力发展有关的研究,得出的结论是:儿童及青少年时期兴趣广泛的阅读,与成人时期的成功呈正相关关系。

自由阅读是培养阅读兴趣最自然、最有效的路径,也是通向深度阅读与广度阅读的关键所在。比如"鸡皮疙瘩系列"丛书的作者斯坦就倡导让孩子自由阅读。他认为,要让孩子们去寻找自己的阅读方式,提倡让孩子们多读书,找到自己感兴趣的、可以轻松自如地谈论的内容。他的孩子马特小时候只喜欢阅读漫画书《加菲猫》,每天晚上,马特都读得不亦乐乎,笑得前仰后合,对于其他的书则不予理会。面对这种情况,斯坦夫妇不加干涉,任马特自由阅读,结果马特通过阅读漫画书《加菲猫》获得了快乐的阅读体验,培养了阅读兴趣,爱上了阅读。在此基础上,他自己不断地开拓阅读的领域,读了无数经典著作。

(四)自由阅读激发阅读兴趣,增强自主阅读能力

在茫茫人海中,每个人都穿梭于千万人之间,寻觅着那个属于自己的灵魂伴侣;而在书海中,每位阅读者都遨游于千万册图书之中,寻找着那本深深触动自己心灵的书。这种寻找可以依据他人的导航,但最终还是需要自己的不懈探寻,如同神农氏尝百草一样。斯蒂芬·克拉生在《阅读的力量》和《自主阅读》两本著作中提倡自由、自主的阅读。一是自由选择读物进行阅读的人,一般而言阅读量比较大。阅读量越大,知道得越多,理解力越强。这就形成了良性循环:读得越多,理解得越快;理解得越快,读得越多。二是自由选择读物的人,倾向于阅读感兴趣的内容,更容易进入"引人入胜与忘乎所以"的境地,可以获得强烈的阅读心流体验。所以,斯蒂芬·克拉生在回顾自己的自主阅读时,提到其早期主要阅读漫画,其阅读的漫画比小学阶段所有的其他读物都多。9~12岁时,他热衷于阅读体育题材的小说与阿西莫夫等人的科幻小说。他认为中学时代学校指定的小说类或非小说类读物对他没有真正的影响,他真正的"课程"是阿西莫夫等人的科幻小说。最后,进入学术阅读阶段时,他仍然以兴趣阅读为主,比如他阅读了哲学家乔姆斯基的所有作品等。

经过多年的阅读研究及实践,斯蒂芬·克拉生教授认为,一个人要练就熟练的阅读能力必须经过三个阶段:一是朗读(听故事)阶段;二是自选阅读阶段;三是学术阅读阶段。他特别提出自选阅读的重要意义与价值——要想练就高级语言能力和读写能力,自选读物阅读正是必要的路径,是这段学习旅程中的关键部分。自选读物阅读就像一座桥,将"会话式"的语言能力链接到更高级的阅读能力,也就是学术语言能力。当然,在阅读过程中指定阅读、指导阅读与自由阅读是相辅相成的,尤其是自由阅读、自主阅读能力的形成是一个渐进的过程,否则,自由阅读、自主阅读往往会走向放任自流、自生自灭的结局。

第四章
影响全学科阅读的六大要素

第一节 阅读兴趣

阅读兴趣,是指在阅读过程中带着积极主动的心态与情感和文本进行深入的交流及对话,并体验到文本中的乐趣,产生愉悦的心情及持续阅读的意愿。英国作家王尔德在牛津大学读书时,有一次测试要翻译希腊文版本《圣经·新约》中耶稣受难的故事,他翻译得非常投入。当考官告诉他可以了,他仍然没有停下笔,而是继续翻译,于是考官再一次提醒他足够了。王尔德说:"请让我继续,我想知道结尾。"这就是阅读兴趣,沉迷于阅读的世界中欲罢不能、乐此不疲。阿尔维托·曼古埃尔在《阅读史》中描绘他沉浸在阅读之中的情景:"我一边想把正在读的书看完,一边又想尽可能延缓结束的到来,所以就不断翻回前面几页,寻找最喜爱的段落,检查有无遗漏掉精彩细节。"阅读兴趣和动机是促进学生全学科阅读的内在动力。

一、兴趣和动机是阅读动力

瑞士心理学家皮亚杰认为,人类的活动是受兴趣和动机支配的。他指出，儿童"像成人一样，他是一个能动的动物，他的动作是受兴趣和需要的规律所支配的，如果不依靠这种活动的自动的动力，这种行动就不能充分发挥它的作用"。兴趣与动机是阅读的第一动力。有兴趣则兴致勃勃、全神贯注地投入学习；无兴趣则视学习如畏途，觉得索然乏味，唯恐避之不及。高质量的阅读让学生自始至终拥有良好的学习动机，保持高涨的学习热情与浓厚的学习兴趣。德国著名教育家赫尔巴特认为，教育的可能性取决于兴趣，是兴趣激起学习者发奋，是兴趣使他们将来觉得自己付出的努力是值得的，为了使自己坚持学习，他们得具备强烈的兴趣，这样才不会在半道上停滞不前或者觉得所学的东西没有意义。正因如此，吉姆·崔利斯在《朗读手册》中提出，这本书不是教孩子"如何阅读"，而是教孩子"渴望"阅读。诚如一句教育格言所说："我们教孩子去热爱与渴望，远比我们教孩子去做重要得多。"也许，这个观点值得商榷，但是在某种程度上，面对一些学生缺乏阅读兴趣，"不想、不愿阅读"的现状，无论我们如何强调"阅读兴趣与动机"都不为过。毕竟缺乏兴趣，阅读就难以开始，也难以为继，更难以深度进行。也就是说，兴趣是影响阅读的首要因素。

二、兴趣和动机是提升阅读品质的重要秘诀

阅读兴趣和动机不但决定了学生阅读的开始与否，而且在某种程度上也决定了学生的阅读质量。加州大学洛杉矶分校的心理学研究者对五到十年级的德国学生进行了一项研究。这项研究跟踪了学生5年，每年给他们做一次数学测试和IQ测试，调查他们对数学的态度。研究发现，那些具有动机的学生收获最快。换言之，具有成长型思维模式的学生在阅读收获上往往最快，而拥有良好兴趣和动机的阅读者，相较于聪明但缺乏动机的学生，也能更快地取得阅读收获。美国一位心理学家在高中语文课教学中，把学生分成智能和兴趣两组，智能组学生的平均智商为120，但对语文阅读和写作都不太感兴趣；兴趣组学生的平均智商为107，但对阅读和写作均感兴趣。这两组学生在一学期中皆必修阅读

和写作课程,学期结束时对他们进行检查后发现,兴趣组的总成绩远远优于智能组(见表4-1)。

表4-1 美国一项关于高中生智商、阅读、写作关系的心理测试

组别	阅读图书的册数	写作论文的篇数
兴趣组	20.7本/人	14.8篇/人
智能组	5.5本/人	3.2篇/人

由此我们可以看出,兴趣所产生的力量与能量,良好的兴趣与动机能够积蓄与释放超能量。就如卡尔·纽波特教授在《深度工作:如何有效使用每一点脑力》中提出的关于"沉浸状态"的研究——各行各业的专业人员因兴趣投入专业工作,就会忘记自我、忘记时间,进入"兴趣"与"沉浸"式状态,而人一旦进入这种状态,工作效率就能成倍甚至是成10倍、20倍地增加。阅读活动也是如此,当学生进入"兴趣"和"沉浸"式状态,就会废寝忘食、欲罢不能、乐此不疲,其阅读成效自然倍增。然而施良方教授从教育学角度来研究,他认为,学生的情感准备状态与学习成绩是相关的,即情感准备状态在一定程度上决定或影响了学习成绩。也就是说,学生的学习兴趣、动机积极地影响着学习成绩。美国教育家布卢姆根据一系列研究数据得出这样的结论:情感准备状态能够解释相关学科认知测验成绩变化的25%。学生对某一学习任务(阅读任务)的兴趣、动机、情感准备状态决定了他们的学习投入与努力程度,同时还在一定程度上决定了他们遇到困难与障碍时的态度。一个人有兴趣,可以发挥全部才能的80%～90%,如果兴趣不够浓厚或没兴趣,他的才能只能发挥20%～30%。

美国心理学家安妮塔·伍尔福克认为,兴趣可分为个体兴趣和情境兴趣。无论是个体兴趣还是情境兴趣,都会影响知识学习的效果——学习兴趣越大,学生对学习材料的情感反应就越积极。这种积极的情感反应进而增强了学习的坚持性,促使学生思考得更加深入。因此,对材料的记忆

效果也会更好，最终学习成绩也会更加优异。那么，在教学中如何激发与保持学生良好的阅读兴趣与动机呢？不少研究者认为，激发兴趣可能比较容易，但是保持兴趣则很难。在日常教学中，我们时常通过"简介""谜语""活动""音乐""视频"等方式激发学生的阅读兴趣，而在兴趣过后，有多少学生能坚持阅读某本书呢？我们对学生阅读兴趣的培养不能浮于表面、浅尝辄止，而是要深入持久。安妮塔·伍尔福克提出，培养学习兴趣一般要经历四个阶段：从"情境兴趣被激发"到"情境兴趣得以保持"，再到"产生个体兴趣"，最后"形成成熟的个体兴趣"。

1. 帮助学生找到感兴趣的书籍。

美国著名的阅读研究专家吉姆·崔利斯曾对许多人进行过一项"你读过的最喜欢的书是哪一本？"的调查访谈，结果约80%的人都能说出书名和理由，并且认为，正是阅读了让他们体验到极大精神愉悦与满足的某一本书，他们才爱上了阅读。由此，吉姆·崔利斯把这样的一本书称作"全垒打书"。同样地，当孩子们找到一本让他们体验到极大精神愉悦与满足的书时，他们就会爱上阅读。比如，同事的女儿在四年级时狂热地爱上了《西游记》，她从看《西游记》电视剧再到在听书软件上听《西游记》，从读青少版，再到读完整版，到了六年级时已经把《西游记》读了十来遍，里面的故事情节、细节她都记得清清楚楚，还不断地研究"《西游记》法宝排行榜""《西游记》妖怪战斗力排行榜"……阅读《西游记》带动她读了大量图书，极大地丰富了她的知识背景与精神世界，促进了她的学习力与思维力的发展。

2. 发现学生的阅读"兴趣点"。

历史学家唐德刚曾经讲了一个关于胡适先生的小故事。他说，胡适先生有一次在公开场合说《红楼梦》不是一部好小说，因为从这部小说中读不出主题和意义。唐德刚就问胡适先生："既然你觉得它不是一部好小说，那为什么还要倾心研究它呢？"胡适先生回答了两个字："好玩。"原来胡适先生研究《红楼梦》不是为了挖掘其价值和意义，也不是为了将自己的某种价值观强加于其上，而仅仅是出于"好玩"，是为了解开自己脑海中的"谜题"。求知的乐趣、探索的欲望是促使我们每个人孜孜不倦地阅读与研究的不竭动力。在教育教学过程中，要关注某个年龄段某个时期学生聚焦的"兴趣点"与热衷思考的"问题"，关注学生痴迷于哪一方面、哪一领域，在此基础上引导他们阅读相关的书籍。

3.将阅读与解决现实生活问题或完成任务情境相结合，有助于保持阅读兴趣。

美国学者诺希克提出，事实上，一个主题在我们的生活中越重要，学习一门相关课程、阅读一本这个领域的教材也就越重要。一个研究学生数学学习情况的心理学实验得到的结果是，中学数学课堂上用计算机、分组学习、猜字谜等方式来激发学生兴趣，学生的兴趣无法持久；而将数学阅读与解决现实生活问题或完成情境任务相结合，学生则更能保持兴趣。有研究者让学生用一套计算机程序学习数学，在程序中，学生扮演星际航行的船长，通过接受各种数学挑战并完成相应的题目从而实现宇宙航行。学生发挥想象力，为自己的飞船起名字，往上面装载食物，给每个同伴分配代号。结果发现，学生学得更多、更好，对学习更有兴趣了。比如，有位老师在引导学生阅读《鲁滨逊漂流记》一书时，便设置了任务情境："如果是你一个人在荒岛上，你要如何求生呢？"以此激发学生认真阅读、深入思考。在引导学生阅读《查理与巧克力工厂》一书时，设置如下情境：（1）如果旺卡先生要请你当导游，引领五个获得金奖券的家庭参观巧克力工厂，那么，请你绘制一张游览地图，并给每个景点配上解说词。（2）旺卡先生要在参观巧克力工厂的5个孩子中评出最佳游览者，并将决定由此人来继承巧克力工厂，请帮旺卡先生设计一份评价量表，并用这一量表来评价5个孩子的表现，为他们排序，且说明理由。

第二节　阅读背景

一、阅读背景是什么

《现代汉语词典（第7版）》对"背景"的释义为："舞台上或影视剧里的布景。放在后面，衬托前景。""图画、摄影里衬托主体事物的景物。""对人物、事件起作用的历史情况或现实环境。"《阅读的7项核心技能》一书中有这样一个观点：背景知识是一个人过去生活中的见闻、经历、人际关系和情感等的总和。对读者来说，书中的一切都会因为背景知识的补充而变得完整。韩国作家金明美指出，背景知识指的是看到、听到、读到和体验到的一切。华东师范大学董蓓菲教授将阅读背景知识总结为人脑中有助于学习的心理储备。她认为背景知识是理解阅读教材的首要条件。学生若缺乏相应的背景知识，阅读只能达到知觉水平，而不能达到理解水平。背景知识可分为两类：心理词典和图式。我们认为阅读背景就是阅读者进行阅读时与某一阅读内容相关联的、影响阅读理解的原有的知识积累、阅读经验、生活经验、生命体验等因素的总和。

二、为什么强调阅读背景

（一）阅读背景决定了阅读者能否理解所阅读的内容

面对同样的现象、问题，为什么有的人视而不见、熟视无睹，有的人则洞幽察微、见所未见？其中比较重要的原因是，"心眼决定肉眼，心界决定世界"，也就是你内在的知识结构、思维模式、生活经验等决定了你能否"看见"、"看见"的多少及"看见"的深浅。我们经常会引用一句名言：

"生活中不是缺乏美，而是缺少发现美的眼睛。"其实，认真去推敲，能不能发现"美"，不是缺少发现"美"的"眼睛"，而是缺少发现"美"的"心灵"、缺少发现"美"的"阅读背景"。有一则趣闻讲道，一个人听了爱因斯坦的学术报告，他说爱因斯坦说的每一个单词他都听得懂，可是这些单词组合起来是什么意思他却弄不明白。从这则趣闻中，我们可以领悟到，理解某一领域的知识需要该领域的广博知识，需要多方面的背景知识。心理学家安德森认为，只有读者的已有知识和输入信息所表示的内容之间建立起一种联系，读者才能不断调整自己的理解并且知道自己是否读懂了。

比如统编版小学语文五年级上册《忆读书》中，冰心谈到她读《红楼梦》的历程："《红楼梦》是我在十二三岁时看的，起初我对它的兴趣并不大，贾宝玉的女声女气、林黛玉的哭哭啼啼都使我厌烦。还是到了中年以后再拿起这部书看时，才尝到'满纸荒唐言，一把辛酸泪'所包含的一个朝代和家庭的兴亡盛衰的滋味。"初时难以理解以及后来能够深入理解，其重要原因在于阅读背景的差异。

（二）阅读背景决定了阅读者理解的速度

因为对内容比较熟悉的阅读者能够凭借丰富的阅读背景，老马识途、驾轻就熟，在阅读中一目十行，迅速抓住主要内容及关键词句，并进行概括、整理和提取重要信息。这种丰富的阅读背景，是快速阅读和快速理解能力的坚实基础，犹如冰山下那庞大的"八分之七"部分，支撑着阅读者高效获取信息的"冰山一角"。心理学研究认为，策略的运用必须具备相应的知识，而且知识背景对于阅读的作用往往胜于阅读策略。

研究人员通过比较小学生阅读关于足球的文章，分析"足球知识"与"语言技能"（理解推断）哪个因素对他们理解文本的影响大。他们基于足球知识的储备量和语言技能的高低将学生分为四组，先让学生阅读一个有关足球的故事，然后测验他们的理解和记忆能力。跟知识相比，语言技能的影响力没那么大。"高语言技能"儿童要比"低语言技能"儿童记得多一点儿。但与足球知识相比，语言技能的影响力很小。也就是说，拥有丰富阅读背景的阅读者比拥有高语言技能但缺乏相关主题知识的阅读者读得更好、更快。

我们在阅读与科技相关的文章时，具备一定的背景知识才能读得懂，才能理解得快。比如，我们读到了与宇宙生成相关的文章，不具备"大爆炸""黑洞"等背景知识，我们的阅读就会"磕磕碰碰"，甚至难以为继；而如果我们拥有"大爆炸""黑洞"这类背景知识，我们的阅读就会比较顺畅，理解得就会比较快。

心理学家们在总结关于知识和策略关系的研究成果之后，得出结论：随着学生头脑中的知识库存容量的扩大，他们越来越多地依赖自己已知的知识而不是通过策略来解决问题。知识不仅是策略运用的前提，而且能够代替策略运用。

（三）阅读背景与阅读理解相互促进与转化

阅读背景与阅读理解的相互促进与转化最典型的表现是"马太效应"——"贫者越贫，富者越富"，也就是"读得越多，理解得越快；理解得越快，读得越多"。正如赫希在《我们需要怎样的学校？》中提出的，知识资本的累积效应源自所拥有的相关背景和知识。第一个优势是必须学习的新东西比较少，因此阅读理解得比较快。第二个优势是相关知识的基础越扎实，能够用来选择和吸纳新知识的相关知识的数量就越大。随着学习的不断深入，我们对世界的认知也在不断丰富，以至于黑塞（德国作家，1946年诺贝尔文学奖得主）说要不断研读经典，"最初，他们把这个世界当成一所小小的美丽幼儿园，园内有种着郁金香的花坛和金鱼池；后来，幼儿园变成了城里的大公园，变成了城市和国家，变成了一个洲乃至全世界，变成了天上的乐园和地上的象牙海岸，永远以新的魅力吸引着他们，永远放射着异彩"。

三、如何铺垫与拓展学生的阅读背景

(一)日常阅读中要倡导"五谷杂粮、五花八门"式的全学科阅读

古语说:"秀才不出门,能知天下事。"老子在《道德经》中说道:"不出户,知天下;不窥牖,见天道。"这句话似乎带有道家"神秘主义认识论"的色彩。然而,如果我们撇开这些神秘色彩不谈,联系到老子的身份——他当时是周朝的守藏室之史,即国家图书馆的馆长,以博学多才而闻名于世,连孔子都曾向他请教礼仪之道——就不难理解他为何能有如此深刻的见解了。由此可知,他的"不出户,知天下"来自广博的阅读。法国哲学家蒙田说道:"人通过接触世界来提高判断力,使自己对事物洞若观火。我们每个人都囿于自己,目光短浅,只看见鼻子底下的事。有人问苏格拉底是哪里人,他不说'雅典人',而回答'世界人'。他比我们有更丰富深湛的想象力,视宇宙为自己的故乡,把自己的知识投向整个人类,热爱全人类,与全人类交往,不像我们只注意眼皮底下的事。"只有拥有广博的知识才能开阔视野、胸襟,开放思想。对于学生来说,我们要引导和强调读教材、读与教材相关的书籍、读与教材无关的书籍,读人间万物,读人情世故。所谓"仰观宇宙之大,俯察品类之盛",所谓"世事洞明皆学问,人情练达即文章",只有胸怀"五湖四海烟月",心藏"千变万化知识",才能在阅读过程中"左右逢源,触类旁通"。

比如,林琳老师在音乐一年级下册的《亮火虫》教学中,先用课件呈现了几幅漂亮的萤火虫图片,然后呈现了有关萤火虫的知识:一般的萤火虫仅有两年的寿命。它们在生命早期,主要以土壤中的小虫子为食。当它们进入成虫期后,这个阶段仅持续两周时间。在这宝贵的 14 个夜晚里,它们会发出迷人的光彩,在空中飞舞。然而,这之后它们就会迎来生命的终点,寿终正寝。学生看到这里,脸上表现出心痛的神色。这时,大屏幕上出现了这样一首配乐诵读赞美萤火虫的古诗:"月向寒林欲上时,露从秋后已沾衣。微萤不自知时晚,犹抱余光照水飞。"没想到才一年级的小学生,竟然马上就能跟上节奏,全班整齐而有感情地诵读起来。有一名学生还能抓住

"欲""露""微""犹"等关键字所透露的时间和情感信息，准确地为其他同学解读这首古诗的含义。老师又给学生链接了《囊萤夜读》的小故事，他们听得非常认真，又增加了一分对萤火虫的兴趣与喜爱。在此基础上教授《亮火虫》这首童谣，充分调动了学生的知识背景及情感共鸣，进一步加深了他们的音乐体验，并培养了他们的节奏感及演唱能力。

（二）日常阅读中要进行"分门别类、积学储宝"式的全学科阅读

阅读是一个日积月累、厚积薄发、积学储宝的过程，这一过程不是"小猴子下山"式地抓住一个就丢弃上一个，再抓住一个又丢弃上一个，结果"两手空空、一无所有"。反思我们自己的求学历程，很多时候，我们都是"学过就忘过"，"学问"等于"学忘"，"博学"如同"无学"。比如，我们在小学学过并被要求背诵一些古诗词及篇章段落，到了小学毕业之后真正能记住的却不多，到中学、大学或工作之后，这些背诵的内容几乎被遗忘殆尽。其原因是多方面的，而在阅读与积累的过程中缺乏"分门别类"的整理是重要的原因之一。我们建议学生在阅读的过程中按"主题""类别""关键词"的方式进行梳理与建构。比如，在语文阅读中可以以人的情感，如喜、怒、哀、乐、爱、恶、欲为主题来积累阅读资料；在数学阅读中可以按数学概念、公式、原理的起源来分类积累；在科学阅读中可以以科学家的发现、发明故事为主题来分类积累；在日常生活中关于衣食住行的经验知识也可以按语文、数学、英语、科学、历史、地理、体育与健康、艺术等学科来分类积累……

还可以围绕某一本书进行"据点阅读"，实现"一生二，二生三，三生万物"的裂变。比如，一开始读《论语》原文觉得很难，可先读以蔡志忠的《孔子世家》、李长之的《孔子的故事》为代表的相关书籍，有了预备知识，再去阅读原文就可化难为易。在实际积累过程中，还要有意识地对背景知识分门别类地进行整理，如此一来，只要面对与之相关的文本，就可以迅速调动阅读背景来理解、建构意义。

（三）针对阅读的主题或任务预先做"有的放矢、有为而作"式的全科学阅读准备

阅读背景知识的准备是全过程、全时空、全方位、全学科的。可以说，"读万卷书，行万里路，见万个人，做万件事，想万般问"都可以不断地丰富与扩展阅读背景。然而针对某一阅读主题、任务或问题，我们也要事先做一定的阅读准备，这样才可能"登堂入室，窥见堂奥"。比如，有位老师上二年级绘本课《我爸爸》。她确立的学生的阅读目标是"想象并讲述绘本中的故事，根据绘本的表达句式创造性地仿说"。在初次教学时，她在"看图想象说故事"这一环节用了1小时，学生感觉都无法说清楚。后来，在反思中，大家建议，在预学时要做必要的阅读背景知识铺垫，如此才能促进学生更有质量地学习：（1）复习"看图说话"的方法：回顾单幅图、双幅图及连续性多幅图的观察顺序、观察方法及表达方式。（2）提供关于"短跑健将刘易斯""歌唱家帕瓦罗蒂、多明戈"的图文资料。（3）观察思考（也可以和家人讨论）并记录，至少列出爸爸的5个优点，并标出爸爸最像哪种动物。（4）阅读绘本，能够复述绘本内容，并说说有什么发现和疑问。

拥有丰富的阅读背景，就会拥有丰富、灵活的神经树突，就可以随时与阅读的文本链接，与文本产生内在的化学反应；而缺乏相应的阅读背景，阅读者大脑对文本往往处于无反应状态——"水滴不进，瓢泼不入"。

第三节 阅读策略

一、为什么要强调阅读策略

心理学家维特罗克等人以小学生为被试做了写概括语的研究。实验者让优等生和后进生分别学习不同材料。优等生学习的材料有1250个词，学习20分钟；后进生学习的材料有372个词，学习8分钟。然后将两类学生混合分成4组，对每组学生提出不同的学习要求或给予不同的学习条件：A组学习时需要给每节写一句概括语；B组学习的每节材料上已经有两个词的标题；C组的学习材料同B组，但需要同A组一样写概括语；D组为控制组，单纯阅读。结果显示，无论是优等生还是后进生，A、B、C三组的学习成绩均显著高于D组的成绩；而在A、B、C三组之间，C组的成绩最好，A、B两组成绩无显著差异。这说明，学生在学习过程中，材料中附加扼要的概括词尤其是要求自己概括材料的要点能够促进他们对材料的理解。记笔记能够促进学习者在学习过程中进行深加工，有助于其从外部控制转向自我内部控制。

从上述案例我们可以看出，对于同一材料可以运用不同的阅读方法与策略，而不同的阅读方法与策略取得的阅读效果是不一样的。专业研究表明，影响阅读质量的因素主要有阅读兴趣、阅读动机、阅读环境、阅读背景、阅读方法与策略、阅读评估等，其中阅读方法与策略是关键要素之一。刘电芝教授认为，学习策略是指学习者在学习活动中有效学习的程序、规则、方法、技巧及调控方式。它既可以是内隐的规则系统，也可以是外显的操作程序与步骤。我们认为，阅读策略在某种程度上等同于学习策略。所以，阅读策略指的是阅读者为了达成一定的阅读目的，在阅读活动中运用的有效的程序、规则、方法、技巧及调控方式。它既可以是内隐的规则系统，也可以是外显的操作程序与步骤。阅读能力强的人具有良好的阅读方法与策略，而阅读能力弱的人往往缺乏良好的阅读方法与策略。

阅读策略在促进整体阅读质量的提升方面起到了至关重要的作用。良好的阅读策略可以提升阅读者的阅读兴趣，增强阅读动机。因为只有会读且善读才能有收获，有了收获又会促进阅读者继续阅读。阅读策略与阅读背景相互促进，有良好的阅读策略就会有较强的理解力，就会提高阅读速度，扩大阅读面，增加阅读量，扩展阅读背景。有良好的阅读策略就会有良好的评估效果、良好的阅读归因及培养坚定的阅读信念和充足的信心。总之，良好的阅读策略与高质量的阅读活动形成良性互动与循环。具体而言，在阅读活动过程中强调阅读策略的依据如下。

（一）教育文化中强调阅读策略与方法

古今中外的教育家及研究者一直在归纳研究及实践"读书方法"，《学记》中提出"善学者，师逸而功倍"，从《论语》中"学思结合"等方法到朱熹的"虚心涵泳""切己体察"等"读书六法"，再到现当代的学习科学研究及阅读策略研究，无不重视阅读策略与方法对阅读者成功及素养发展的影响。

（二）国内外教育教学改革与发展强调阅读策略与方法

应对不确定的、复杂多变的未来时代，世界各国都强调培养学生的核心素养，而其中重要的目标之一就是要让学生形成学习及阅读的策略与方法。联合国教科文组织公开发布的《反思教育：向"全球共同利益"的理念转变？》，明确提出"超越识字和算术，以学习环境和新的学习方法为重点"。《义务教育语文课程标准（2022年版）》的总目标提出："初步掌握基本的语文学习方法，养成良好的学习习惯。""学会运用多种阅读方法，具有独立阅读能力。"在课标中，"方法"一词出现了50余次，"策略"

一词出现了3次。这些无不强调学习（阅读）方法与策略的重要性。在新课程新教材背景下，课堂教学极力倡导"大单元""大任务""大项目""大情境"的学习，这些学习如果离开了学习和阅读策略的支撑就如同"沙上建塔、空中楼阁"。所以，随着对课程和评估中复杂问题解决能力的日益重视，学生和教师将逐渐认识到，掌握关键学习策略比单纯掌握特定课程内容更为重要。

（三）自主学习能力的培养需要强调阅读策略与方法

《中国学生发展核心素养》在"自主发展"这一维度特别强调要"学会学习"。"主要是学生在学习意识形成、学习方式方法选择、学习进程评估调控等方面的综合表现。"这句话揭示了这样一个逻辑：只有学会学习才能自主学习，只有自主学习才能自主发展。学会学习方法，是一生学习成长及精进的利器所在。以全球未来科技创新的引领者马斯克为例，他只读了三天的博士课程，却凭借自学达到了卓越的高度。马斯克认为，主动看书可以迅速吸收知识，因为所有的信息都蕴含在书籍之中。更为关键的是，他独特的阅读方法——"第一性原理的思维"，让他在阅读过程中保持高效，从而更快地理解和掌握知识。

二、如何引导学生形成阅读策略

阅读策略是深度阅读的利器与法宝。良好的阅读策略与方法能提升学习力、思考力，让阅读者如虎添翼。

阅读学研究表明，阅读理解力强的学生与阅读理解力弱的学生相比，存在一个显著差异：前者具备明确的阅读策略及运用这些策略的意识，而后者则缺乏这样的意识和策略。在教育教学中，我们要一以贯之地引导学生形成阅读策略与方法。

（一）在文本理解中形成阅读策略

在具体的全学科阅读过程中，我们不仅要学习阅读内容，还要学习和掌握阅读策略与方法。这意味着，每一次的阅读活动都融合了"为学习而阅读"和"通过阅读来学习"的双重意义。

比如，何建琴老师在教学张志和的《渔歌子》时，在引导学生理解词意并想象词的画面之后，让学生体会这首词蕴含着诗人怎样的一颗诗心。

师：孩子们，让我们再来默读这首词，把你们刚才看到的景物画出来。你们能读出诗人怎样的心情？（板书：体会情感）

（学生自由回答）

生1：愉悦。

生2：我从"斜风细雨不须归"这句诗中感受到，他被美景吸引了。

生3：他陶醉于自然美景，流连其中……

师：不着急，我们来听听张志和的人生经历：张志和三岁就能读书识字，六岁便能写文章，十六岁就中了举人，深受皇帝赏识。可以说，他年轻时是比较顺利的。但是，后来他因事被贬官，从此不再为官，隐居在太湖一带，扁舟垂钓，自称"烟波钓徒"。现在，你又看到了一个怎样的张志和？

（学生自由回答）

生1：失落、寂寞。

生2：孤独。

生3：悲伤、怨恨……

生4：怀才不遇。

师：大家再品读这首词。27个字，你看到了一个恨字吗？看到了不服的字眼吗？你从词中看到了什么？

生1：悠然自得。

生2：自由自在。

生3：享受农家生活。

生4：悠闲自在……

师：是啊！所有的功名利禄不过是浮云，唯有江上清风与山间之明月才令人悠然自得。我们就是通过这27个字感受到了一个洒脱、悠闲自在的张志和。我们能从这些描写景色的词语中感受作者的心境。

这里我们又学习了一种新的体会古诗词的方法——"知人论世"，就是通过了解作者的人生境遇来体会诗词情境。

在这里，教师首先让学生围绕问题及任务进行初步阅读，以获得基本的理解。接着，教师引导学生运用"联系资料"的方法进行再次阅读，通过结合相关资料深入思考，从而获得更为深入的理解。最后，教师进一步引导学生将文本与资料进行关联，进行深度阅读和思考，以达到深度理解的目的。在这个过程中，教师自然而然地渗透了阅读策略与方法。

（二）在阅读步骤建构中形成阅读策略

有位老师在讲授《折线统计图》一课，引导学生把目光聚焦到"合理预测"这一个点上。那么，怎么能做到面对一张"折线统计图"进行合理预测呢？（能合乎常理，能合乎数据规律，能合乎实情，能自圆其说）不少学生难以明白其中的程序，甚至有些老师也不清楚其步骤与具体操作。经过研讨，最后大家设计出一套阅读策略与程序：（1）看统计图明白整体图意（关注标题、横轴纵轴、文字说明、数量、点线）。（2）寻找数据的变化趋势及规律。（3）推测背后的原因。（4）了解事物发展的规律。（5）联系当下的情境。（6）进行合理预测。

（三）在阅读能力分类中形成阅读策略

钟启泉教授在他的著作《深度学习》中讲述了一个实验：教师让学生求解小学五年级数学应用题，并用录像记录下学生解题的过程，并在之后进行回放。在回放的过程中，对学生进行采访，探讨他们是如何自我控制解题过程的。接着，将成绩较高的小组与成绩较低的小组进行对比分析。

实验结果发现，两组在解题过程的控制上存在质的差异。成绩较高的组"再次阅读问题，加以确认""聚焦重点，仔细思考"，有意识地控制自己的解题过程。而成绩较低的组"什么也不做"，并没有意识到自己的解题过程。由此可见，由于有意识地控制解题过程的认知机制不起作用，大多数学生处于学习困难的状态。针对这种情况，如何进行阅读策略指导呢？这个实验提出了两个策略：一是对于难以理解题目的学生，可以开发独特的程序来帮助他们把握问题图式，可以让学生用画图来表达对题目的理解等；二是可以用变换说法或厘清题目要求等方法，帮助学生理解题意，以此引导学生制订问题解决计划并监控自身解决问题的过程。

美国阅读研究专家斯蒂芬妮·哈维、安妮·古德维斯提出，具有策略性精神的孩子能够制订行动计划并严格执行，不受外因干扰。阅读策略能够帮助孩子更好地理解文本、理解世界、认识自我，进而在遇到困境时能够理性分析、直面挑战。在阅读过程中，教师只有帮助学生成为一个真正的策略型阅读者，他们才能够根据阅读目标或任务，从不同的文本及运用情境出发，选择与优化不同的阅读方法、手段、媒介、资源等，与文本深入对话，从而达到解决问题或完成任务的目的。

第四节　阅读词汇

一、什么是词汇

语言由语音、语汇（词汇）、语法、修辞四个部分组成，其中词汇是建筑语言的材料。"词汇"在《现代汉语词典（第7版）》中的释义为："一种语言里所使用的词和固定词组的总称，如汉语词汇、英语词汇。也指一个人、一部作品或一个领域所使用的词和固定词组，如鲁迅的词汇、《红楼梦》的词汇。"词汇的丰富程度决定了人们阅读理解的程度、表达交流能力发展的程度、思维发展的程度。

英国作家奥威尔在小说《1984》中描写了未来政府的一个部门叫真理部，这个部门不断改写书籍和新闻报刊……真理部的工作目标就是把所有语言都缩减成一种规定的"新话"，它的词汇表逐年缩减。这样的结果就是使人缺乏词汇，难以阅读、难以思考、难以表达，最后变得越来越无知。

二、为什么要强调阅读词汇的意义

（一）词汇的发展与时代共进

词是对自然宇宙、社会人生以及时代万事万物所给予的"命名"。每个词都有与之相对应的事物与经验。所以，有人说，"每一个词就是一个世界"。随着历史的发展、时代的进步、社会的前进，词汇不断丰富与发展。专业研究人员统计了各时间段字典里收录汉字的数目增长情况：东汉的《说文解字》收字9 353个；西晋的《字林》收字12 824个；南朝梁陈之间的《玉篇》收字16 917个；北宋编修的《广韵》，收字26 000多个；明代的《字汇》收字3 3179个；清代的《康熙字典》收字47 035个；1915年出版的《中华大字典》收字48 000个；1968年出版的《中文大辞典》收字49 905个；1990年四川辞书出版社出版的《汉语大字典》收字54 000多个……阅读本质上是一个对文本中词汇进行解码和理解的过程。如果缺乏与文本内容相匹配的词汇知识，阅读就会遇到障碍。

（二）丰富的词汇可以建构强大的阅读背景

阅读背景可以说是深度阅读的"坚强后盾"，只有强大的阅读背景才可能造就绝美的阅读风景。阅读的背景知识，除了与文本相关的生活经验及生命体验，还包含着阅读经验，其中很重要的一部分就是在阅读过程中积累的"词汇"。

（三）解码"词汇"是阅读走向意义世界的重要一步

在阅读开启之时，初步理解文本大意，难以理解的"词汇"往往是"绊脚石"，甚至在深度理解文本意蕴时，难以理解的"词汇"也是"拦路虎"。有研究者在给阅读作品进行难易程度的分类时，就直接以能读懂其中文字的程度为标准来区分：难度较低的书，读者能读懂书中的每个字，理解所有的思想；难度适中的书，读者能读懂书中绝大多数文字，理解大部分思想，只有少部分文字和思想超出读者的理解水平；难度较高的书，书中生词较多，内容复杂，思想深刻，读者不容易读懂。词汇贫乏导致阅读理解的困难与失败。国际上一项针对贫困家庭"弱势"群体儿童阅读能力的研究揭示，在低年级阶段，贫困家庭儿童与富裕家庭儿童在阅读理解能力上相差无几。然而，到了四年级，在阅读理解能力的测试中，"弱势"群体儿童的成绩相较于富裕家庭儿童出现了显著下滑。究其原因，主要在于"弱势"群体儿童的背景知识和词汇量相对匮乏。

三、如何进行阅读词汇的积累、梳理与建构

（一）词语的理解

词语的理解是理解整体意思、意义的第一步。不少阅读者面对超过"容忍程度"的难以理解的词语数量，就"自动缴械投降""不战而败"。有研究测试了读者对生词的理解能力，结果显示，读者需要了解 98% 的词汇才能自如地理解文章。阅读教育训练教师黛安娜·墨菲和资深教育管理者詹姆士·墨菲认为，如果生词或不理解的词汇超过 5%，那么阅读将成为一个漫长而痛苦的过程，理解文章的意图将不会带来任何享受或愉悦感，反而导致整个阅读行为变得令人倍感挫败和沮丧。新西兰学者约翰·哈蒂认为，在阅读特定文章之前，我们需要提前认识书中 95%～99% 的文字。一旦低于 50%，学生肯定不愿意阅读，他们的阅读就受到了限制。例如，当一年级的小朋友面对 10 以内的数的分成题时，如"9 可以分成几和几"，他们一下子就能说出答案。然而，一旦题目稍作变化，如改为"9 是由几和几合成的"或"几和几可以组成 9"，他们中的大多数就不懂得如何解决。他们甚至会眼巴巴地看着你问："什么是合成？""什么是组成？"——这就是因不理解词汇而产生的阅读障碍。

（二）词语的积累

词与世间万事万物相互对应，是认识事物、理解世界、探索宇宙的重要载体。对于词的理解就是对于丰富的生活与世界的理解。词汇贫乏，无法让我们叩开文本世界的大门；词汇丰富，才能让我们有敏锐的理解力、想象力与创造力，才能让我们养成强大的阅读力。所以，我们要积累丰富的词汇。有阅读研究者指出，词汇对于成功的阅读至关重要，但这是一种相互促进的互惠关系：阅读可以帮助拓展词汇量，而词汇量的拓展反过来又可以强化阅读技巧。要实现成功的阅读，学生需要广泛接触具有挑战性的文本，并积极参与丰富的口语交流。同时，学校也应系统和明确地教授这两方面的技能。

郑钢老师在《怎样让学生爱上阅读：培养积极的终身阅读者》一书中提出科普阅读的词汇学习是学生阅读时的重要任务，能帮助学生积累科学专用词汇，理解和建构科学概念。学生阅读前开展头脑风暴，根据书中一张或若干张图片，尽可能地写出与图片或主题有关联的词汇，越多越好。之后，学生轮流说出自己所想到的词汇，说得最多的人就是冠军。教师汇总学生所写的单词，制作"单词墙"。在制作时，还可以让学生根据名词、动词、形容词、副词等分类，了解单词的词性和用法。还有一种活动是造句，学生从每一类单词中选择两个单词分别造句，或者从单词墙上选择10个单词创作故事，培养学生的词汇运用能力和创作能力。

麦基翁、贝克、奥曼逊和波普曾提出这样的观点：仅仅在阅读中遇到一个单词4次，可能并不足以显著提升阅读理解能力；然而，当这个单词在阅读中被遇到12次时，就可能对阅读理解能力的提升产生积极影响。对于后进生来说，必须反复多次地从字面意思去推敲揣摩，才能确保每次碰到这些单词时都能对其加深理解。因此，加强对相关词汇的积累是非常关键的，只有有意识地积累才能增强理解力，才能真正让词汇成为"活"的词，而不是"死"的词。

（三）词语的运用

词汇的积累与丰富不是如同堆积货物一样储存在脑海中，而是要进行"周转"，否则就会"生锈""发霉""腐烂"，更为严重的，会"消化不良""容量超载"，导致"沉重的文明的负担"与"个人文化灾难"。也就是说，学习的目的在于"学以致用"，积累的目的也在于"运用"。有人提出，语言活在"舌头"上，语言活在"笔头"上。词汇要发挥作用，产生价值，保持活力，最主要的是要在阅读、思考、表达实践上不断地运用。著名教育家怀特海提出"惰性知识"，就是指那些因未被有效运用而滞留在心灵中成为负担的知识。"迅速地学习知识，然后加以应用。如果你能得心应手地应用知识，你便牢牢地掌握它了。"黛安娜·墨菲、詹姆士·墨菲提出，学生需要通过口头交流、阅读书面材料和自主写作，来促进新词汇的吸收和应用。

通过日常生活中的积累，如学科阅读随记、写作日记，以及日常的"听、说、读、写、思"等活动，学生可以不断地理解、积累和运用词汇，从而实现全学科阅读、思考和表达能力的整体发展与提升。

第五节 阅读监控

一、什么是阅读监控

著名数学家陈景润在中国科学院数学研究所工作时，不少人发现，每天晚上，从他 6 平方米阁楼的窗户透出的灯光先是亮起，过了一会儿又熄灭，接着再次亮起，然后又熄灭，如此反复。人们感到非常奇怪，后来才明白，原来是陈景润在阅读数学著作的过程中，每读完一节或一章，都要关上灯，思考读过的章节的主要内容是什么、有没有不理解的地方，当思考好了他就重新开灯翻书，将不理解的部分重读，理解了就继续往下阅读。

陈景润先生的这种阅读方式就是阅读监控或称为阅读理解监控。《有效教学方法》一书中提出，理解监控策略是学生通过在上课期间不断检测自己的进展来评估他们理解情况的一种策略。斯蒂芬妮·哈维、安妮·古德维斯认为，监控理解进程是一种思维取向，它指的是在阅读过程中倾向于运用策略调整阅读习惯，以便更好地关注文本的意义。董蓓菲教授指出，阅读理解监控是指阅读者在阅读过程中不断评价阅读过程以获得阅读活动质量的信息，找出阅读偏差，并适时加以调整，选用适当策略，以保证有效完成学习任务。我们认为，阅读监控是阅读者根据一定的阅读目的，在阅读过程中通过各种方式反馈阅读的情绪状态、注意程度、策略运用、理解情况，并进行适时调整，以达到深度阅读、高质量阅读的方式。

阅读监控具有综合性、过程性、反思性、调整性等特征。综合性是指阅读监控是阅读者对自己阅读的兴趣、情绪、注意、策略、成效等进行全方位的监控。过程性是指阅读监控是一个实时的过程，贯穿阅读活动的整个过程。反思性是指阅读监控是一个不断反思的过程，阅读者会随时随地反思自己的整体阅读情况。调整性是指在阅读监控过程中，阅读者会通过持续反思来进行适时的调整，以更优化的策略来达成阅读的目的。

二、为什么要进行阅读监控

有学者曾经做过为期四周的教学实验。学习者在阅读过程中要做到以下三点：通读文本，并在阅读过程中就文本内容进行预测；针对文本主题思想进行提问；对不清楚的内容，要监控自己的理解，问自己："我理解了刚刚读的内容吗？"运用阅读理解监控策略有几种技巧，一是设定目标："我得做什么？""我为什么做这个？"二是集中注意："我应该读什么？""我必须完成什么活动？"三是自我加固："太好了，我理解了。继续好好干。""这种策略确实有效。"四是解决问题："我实在不理解，我应该回头再读一遍。""这是简单的错误，我能解决它。"教学实验过程中进行了前后测，结果发现——仅仅通过四周的教学，使用这种策略的阅读者就可将他们阅读理解的正确率从 50% 提高到 80%。由此可以看到阅读理解监控的价值与意义。

（一）阅读监控能有效地提高阅读者的阅读效能

在日常阅读中，我们时常发现有些学生阅读得既快又多，而让他们讲述阅读的内容及自己的理解时，他们往往吞吞吐吐，说不出或说不清。读得"热热闹闹""忙忙碌碌"，但到最后是"竹篮子打水一场空"。其主要原因就在于阅读过程中缺乏监控意识。良好的阅读理解监控能随时检测自己的阅读成效并进行阅读调适，以提高阅读效果。

（二）阅读监控能培养阅读者的元认知能力

阅读监控是指对自己的阅读及思考活动进行反思与调整的过程，即对阅读思维过程的自我审视与调控。新西兰教育研究专家约翰·哈蒂在《可见的学习：十个心智框架》中提出，让学生的学习思维看得见，让学生的学习过程看得见，让学生的学习结果看得见；让学习者看得见自己的学习。阅读监控就是让阅读者理解自己的阅读过程,从而有意识地调节阅读行为,以便更好地选择和运用契合阅读目的的阅读策略。

三、如何进行阅读监控

斯蒂芬妮·哈维、安妮·古德维斯按阅读监控的情况,将阅读者分为四类:无意识读者、有意识读者、策略型读者、反思型读者。第一类读者对自己的阅读过程没有关注;第二类读者对自己的阅读过程有所觉察,比如觉察到"困难"和"困惑",但无法采取相应的解决策略;第三类读者能对自己的阅读过程进行监控并应用阅读策略进行调整;第四类读者能反思自己的阅读过程,灵活运用阅读策略,更好地达成阅读目的。理想的阅读监控就是培养策略型和反思型读者,尤其是让学生成为积极主动、富有创造性,同时能够明确阅读目的、运用阅读策略,并善于反思的阅读者。如果把阅读活动比作开车的话,那么,阅读理解监控就是行车过程中的"GPS"(全球定位系统),能够引导行进的方向,实时反馈行程的情况,并优化调整行进路线。

(一)监控阅读注意力

俄罗斯教育家乌申斯基曾精辟地指出:"注意是我们心灵的唯一门户,意识中的一切,必然都要经过它才能进来。"注意力在心理学上指的是人的心理活动指向和集中于某种事物的能力。不少学生看起来是在认真阅读,但是收效甚微,其中一个原因就是阅读过程中注意力不集中,容易分心,导致阅读过程频繁中断。这样,他们就很难对阅读内容形成连贯的思考与理解,仿佛是"一掠而过,不留痕迹"。

人们要在阅读中获得成效,必须集中注意力,全身心以赴。

在阅读过程中监控自己的注意力,不分心、不走神,要具体做到如下几点:(1)随时确认阅读目的。问自己两个问题——"我为什么读这个?""我读这些信息做什么?"通过明确阅读目的来集中阅读注意力。(2)边读边思考。聚精会神地阅读,并不是眼睛自始至终不离开书本,而是阅读了某一完整部分(一句、一段、一节、一章)后视线可以离开书本进行反思。(3)遵循注意的心理规律进行阅读节奏的调整。心理学研究显示,一般而言,各年龄段孩子注意力集中的时长为:5～6岁,10～15分钟;7～10岁,15～20分钟;10～12岁,20～30分钟;12岁之后,30分钟以上。在阅读过程中可根据这一规律适当地调节阅读活动。(4)在阅读过程中运用圈点批注的方法有助于提高阅读的专注力。

(二)监控阅读理解程度

阅读的重要目的之一就是对文本的深度理解,而对于"理解",不同的学者及研究人员有不同的理解。刘善循教授认为,所谓理解是个人运用已有知识经验去认识事物的联系,直至认识其本质和规律的过程。理解是一种思维活动,而思维是有效记忆的基础。美国哈佛大学教育学博士格兰特·威金斯和美国马里兰州评估委员会成员杰伊·麦克泰格则认为,为了达成成熟的理解,我们形成了一个多侧面的视角,即理解的多侧面。当我们真正理解时,我们能解释、能阐明、能应用、能洞察、能自知。监控阅读理解则是阅读者在阅读过程中不断地反思是否理解文本、理解是否正确、理解是否有深度,并据此进行阅读策略调整的过程。

那么,在阅读过程中如何进行阅读监控呢?在三年级语文《富饶的西沙群岛》一课的教学中,在引导学生借助关键语句理解一段话的大意时,不少老师让学生直接找出关键句来理解大意。如第5自然段:"西沙群岛也是鸟的天下。岛上有一片片茂密的树林,树林里栖息着各种海鸟。遍地都是鸟蛋。树下堆积着一层厚厚的鸟粪,这是非常宝贵的肥料。"所有学生都认为,开头第一句"西沙群岛也是鸟的天下"是"中心句",这句话的意思是"西沙群岛鸟多"。然而,有位老师则引导学生理解每句话的意思,第一句是写"鸟的天下",第二句是写"树多鸟多",第三句是写"鸟蛋多",第四句是写"鸟粪多"。联系这几句话,就可以找出其中的内在关联:

"树多——鸟多;鸟多——鸟蛋多;鸟蛋多——鸟多;鸟多——鸟粪多;鸟粪多——树多。"学生发现,此段不仅是写鸟多,更是写自然环境及人类的保护让这里鸟多。所以,"西沙群岛也是鸟的天下"这句话的意思不仅是讲鸟多,更是讲鸟适合在这里生长。这就是对原先的理解进行反复的检验与推敲,以改进和修正对这句话的理解,从而使理解更加准确。后续让学生理解整篇文章的大意时,有的学生原先直接应用"题目拓展法"来说这篇课文主要讲"西沙群岛很富饶",后来通过逐段理解,特别是抓住了开头段落中的"那里风景优美,物产丰富,是个可爱的地方"与结尾段落中的"可爱的西沙群岛,必将变得更加美丽,更加富饶",学生认为,主要内容应该是讲"西沙群岛很富饶和美丽",甚至有些学生认为题目应该改为"富饶美丽的西沙群岛"。

《哈佛大学教育学院思维训练课:让学生学会思考的20个方法》一书提出,为使监控阅读不断深入,我们还可以让学生运用"过去我以为……但现在我认为……"的思维方法来进行阅读的过程性监控。比如,比亚力克学院一年级的教师琼·卡梅内特斯基刚刚完成"沟通"这一单元的教学任务,课程结束时她要求学生首先回顾对"沟通"的最初看法,并把答案记录在白板上以确保每个人都能看到。学生的回答包括:沟通是一种信息和符号语言的传递,沟通是说话的别称,沟通等于打电话和展示图片等。然后,琼让学生说出后来的观点,例如:"现在我认为,沟通意味着即使你迷了路,路标也可以做出回答;表情能够透露你的想法,电脑可以代替我们与人交流,化石和图画也能'说话'"。

(三)监控阅读策略运用

阅读监控还包括对阅读策略运用的监控,即面对阅读的"问题",采用相应的阅读策略,在此基础上反思阅读策略运用的条件、情境、时机、效果等,以便更加灵活地运用及优化阅读策略。许多学生缺乏对阅读策略的监控与调整意识,在遇到问题时,他们更多的是采用最简单的、最直接的方法，比如"多读几遍"。在"读来读去"都不理解的情况下，他们也不会去反思以下问题：遇到了什么困难？为什么会遇到困难？尝试解决困难的过程中遇到的最大难题是什么？某一策略的效果如何？应该尝试更换什么策略？……

美国著名数学家和教育家波利亚提炼出在阅读过程中解决各学科问题的"自我提问的启发式问题"策略，并列出了自我提问启发式问题表：（1）解题阶段：启发式问题。（2）理解问题：未知条件是什么？已知条件是什么？已知数据是什么？已知条件能解决未知量吗？多余还是不足？你能画一个草图或使用其他记号简化问题吗？以前遇见过这个问题吗？（3）拟订计划：它以稍微变化的方式出现过吗？你能发现一个可用的定律吗？你能想出一个更加容易解决的相关问题吗？（4）执行计划：你使用了所有的已知条件和数据吗？你能清楚地认识到这一步是对的吗？你能检验结果的正确性吗？（5）回顾：你能检测推理过程吗？你能将这个方法运用于其他问题吗？这里呈现的问题表，既是"问题解决"策略的方法与程序，也是阅读监控的方法与程序。

阅读监控的目的是更好地实现阅读任务或目标。研究表明，学生阅读监控水平与阅读理解水平呈正相关。阅读监控的活动可以简化为一个不断循环的过程：首先确立目标，接着选择策略，然后检验成效，并根据需要进行补救。阅读研究专家认为，在阅读过程中，读者扮演着双重角色：一方面，他们是一名熟练的"技工"，从文字解码到理解内容，再到意义的建构；另一方面，他们又充当监督这个建构过程的"监工"，不断监控阅读过程是否遇到问题，如何解决问题让阅读继续，直至"竣工"。

第六节 阅读评价

一、什么是阅读评价

瑞典研究者马顿进行了一次阅读实验，让两组学生阅读相同的文本，并告诉他们读后要进行检测。第一组在阅读前预测，检测可能会涉及相关"知识点"的内容记忆，第二组在阅读前预测，检测可能会重在对整体文本的理解及意义的探寻上。经过检测，第一组的阅读者停留在支离破碎的浅层记忆上，而第二组的阅读者则是深入理解文本及建构意义。前者被称为浅层阅读，而后者被称为深度阅读。

从深度阅读与浅层阅读的实验过程就可以看出评价对于阅读的导向与影响。评价意味着方向，评价意味着学习，评价意味着创造。

祝新华教授指出，现代阅读评估采用测试、档案评估、问卷调查、课堂提问及参与活动等多种方式，全面衡量学生的阅读知识水平、能力、兴趣、爱好及积极性，以及未来阅读发展趋势。基于这些信息，教师可以引导学生采用更有效的学习策略，并将其作为改进教学方法的重要参考。我们认为，阅读评价是基于一定的标准，运用一定的工具对阅读者在学科阅读过程中阅读的兴趣、方法、能力及表现的评定与测量，并据此引导学生改进及优化阅读策略，促进教师改进阅读教学，培养学生的阅读核心素养。当前，全球评价文化的趋势正从"对学习的评价"转变为"为学习的评价"，即通过评价促进学习的发展。

二、为什么要进行阅读评价

不少阅读者忙忙碌碌、辛辛苦苦，却收获甚微，甚至空空如也。其中有诸多原因，而阅读过程中缺乏评价是重要的原因之一。"但知耕耘，不问收获"是一种人生信念、一种处世态度，也是一种阅读精神，是一剂克服急功近利思想的"良药"，值得提倡。但是对于阅读本身来说，阅读者一味地阅读，而不讲求阅读的效果，就无法成为优秀的阅读者。如果阅读而无收获，就等于"无读"或"白读"。

评价与学习是"如影随形，形影不离"的。评价是风向标，是指挥棒，是旗帜，评价驱动着教育。阅读评价是一种阅读的激励与反馈。通过阅读评价，阅读者可以看到自己的阅读成效、成果，从而获得继续前行的动力；通过阅读评价，阅读者也可以看到自己的不足，"学然后知不足……知不足，然后能自反"，也就是会产生"认知的落差"，知道自己的不足就会发奋图强，激发起阅读的力量。阅读评价是一种形式丰富的学习反馈，通过多种形式的反馈，阅读者可以调整阅读过程，形成"可见的成长"。

阅读评价是一种阅读的运用与提升。阅读评价的形式是灵活多样的，通过阅读评价可以培养并检测阅读者的理解概括能力、分析比较能力、综合推理能力、反思批判能力、运用创造能力。尤其重要的是，通过复杂情境下的表现性任务评价，阅读者能在具体的真实任务情境中运用阅读所收获的知识，真正"学以致用"。"评"的任务具有拟真性与真实性，能够推动阅读者在"学中用""做中用"以及"创中用"的过程中不断实践阅读方法，进而提升阅读能力和阅读素养。迪伦·威廉博士的研究表明，将形成性评价融于课堂教学，学生的学业成绩提高明显，学习效率提升50%～70%。这种教学方式所获得的成本效益，是缩减班级规模所能带来的效益的20倍。

三、阅读评价要评什么

孙芳在《阅读学习论》中提出，对于阅读的评价可以从阅读习惯（课内外阅读习惯）、阅读态度（主动、惜时、长期、养成阅读习惯）、阅读思想情感（健康、信心、尊重、审美阅读）、阅读能力（认读、理解、吸收、速读、语感、鉴赏、迁移能力）、阅读方法（朗读、默读、精读、略读）等方面进行评价。祝新华教授提出，要评估知识积累与运用、阅读的过程与能力、阅读的数量与速度、阅读行为与态度。

国际教育成就评价协会主持的国际阅读素养进展研究（PIRLS）测试的对象是四年级的小学生，测试框架包括阅读目的、理解过程及阅读行为和态度，主要测评提取信息、直接推论、整合观点等。经济合作与发展组织于1997年发起的为该组织成员国协作监控教育成效的评价项目，即"国际学生评估项目"（PISA），其测试的对象是15岁的学生，评估的重点是"为了学习而阅读"，主要测评整体理解、提取信息、形成解释、对内容的反应和评价、对形式的反应和评价。美国国家教育进步评价（NAEP）是美国国内一项连续、长期的中小学生成绩评价体系。其中阅读方面，NAEP测试框架包括"为文学体验、为获取信息、为完成任务"而阅读的情境，将阅读能力细分为整体感知、形成解释、联系自身、做出评价。综合而言，三大国际测评项目都强调两点：一是应用能力；二是关注阅读中的检索信息、直接推论、解释并整合观点和信息、形成整体理解、反思评价能力或素养。从教育评价的国际新视角来看，研究者认为，当前对学生学习状况的监控已不再局限于核心学科领域的知识与技能，而是扩展到了更广泛的学习成效范畴。这包括了学生的批判性思维能力、社交技能、学习参与度以及整体的幸福感。具体而言，在阅读素养的评价上，不再仅仅关注阅读技能本身，而是全面考量学生的阅读兴趣、态度、投入程度、阅读环境、阅读方法、阅读能力以及阅读带来的效果等多个维度。

四、如何进行阅读评价

（一）过程性评价

过程性评价指的是，在学习（阅读）过程中评价并评价阅读的全过程。这种评价方式能及时反馈阅读的情况，指导阅读者进行相应的调整，并且能真实地反映阅读者在整个阅读过程中的状态。一般而言，它包括阅读前

(课堂教学之前预学评价)、阅读中(课堂教学之中评价)、阅读后(课堂教学之后评价)的评价。过程性评价的五个关键策略是：(1)明晰、分享和理解学习目标与成功指标。(2)引出学习的证据。(3)提供促进学习的反馈。(4)激发学习者成为彼此的教学资源。(5)激发学习者成为自己学习的主人。这些是过程性评价中的要素。通过预学、研学、延学等评价，实现了过程性阅读评价。

例如，刘娜老师以人教版小学数学五年级下册第六单元"分数的加法和减法"为例，设计了四组任务评价量表。其中前置任务评价量表见表4-2。

表4-2 设计布展规划图评价量表

项目	A	B	C
日常生活中对分数的了解	能够设计一份布局合理、美观的展区规划图，并能用分数表示出每一块区域约占总面积的几分之几	能够设计一份展区规划图，但欠缺合理性或美观度，能用分数表示出每一块区域约占总面积的几分之几	在他人的帮助下，能够设计一份展区规划图，未能用分数表示出每一块区域约占总面积的几分之几

(二)表现性评价

传统的评价过于关注标准化评价、客观性评价，更多的是评价知识点与技能，结果造成"只会考试，不会学习；只会考试，不会思考；只会考试，不会做事；只会考试，不会做人"的结局。核心素养背景下的评价就强调表现性评价。

教学评价总是需要各种各样的指标，而且评价方案必须以真实的表现性任务为基础。我们还指出，面向理解的评估需要表现性评价：我们需要看到学生在具体情境中应对挑战时的表现，以及在这个过程中，他们的思维过程是什么样的。只有通过设计表现性任务，学生能够在真实情境中表现其概念性理解时，才能促进其核心素养的发展。因此，"表现性评价"成为评价核心素养的基本方式和主要方式。

比如，洪枝花、何建琴、陈燕萍老师在引导学生阅读小学语文五年级上册第三单元"民间故事"时,设置了单元大任务情境,具体如下:妈祖,是"立德、行善、大爱"的化身,妈祖文化影响着全球一亿多信众。作为妈祖的故乡莆田的一员,宣传弘扬妈祖文化,让更多人得到妈祖精神的滋养,我们责无旁贷。本单元我们将通过学习民间故事,练就讲好妈祖民间故事的基本功,更好地传承妈祖文化,为做一名优秀的妈祖文化传承人打下基础。任务要求:通过创造性复述,每个人讲一个有关妈祖的民间故事;班级举行讲妈祖民间故事大赛,评出优秀传承人12名。完成标准:(1)熟悉有关妈祖的民间故事。(2)学会用多种方法创造性复述民间故事。(3)使用PPT背景、音乐渲染、表演等多种形式讲述民间故事。

表现性评价既要评价阅读过程,也要评价阅读成果。学生的全学科阅读成果大致可分为五大类:一是表达类,即学生阅读的感受体会,如圈点批注、读后感、书评,给书中的"角色"或"事物"写评语、颁奖词、信、赠言、对联等。二是表演类,即学生模拟表演文本中的故事、场景、细节,表现"角色"或"事物"之间的关系,具体形式有课本剧、小品、相声、评说、快板、话剧、配音等。三是创作类,即创编、续编、仿写、改写文本,为文本作词谱曲,跨文体、跨媒介创编绘本、漫画,拍摄微视频、微电影等。四是艺术设计类,即根据书籍设计腰封,根据内容设计书签、插图、封面及角色雕像等。五是技术创造类,学生基于学科知识和学科前沿资料阅读后,创作解释学科原理的模型、应用型器械以及探究型项目方案等。

(三)增值性评价

《新课程关键词》一书中指出,在学生评价语境下,增值性评价是指依据学生一段时间内的变化来对学生的学习做出价值判断,目的在于促进学生的学习。我们认为,增值性评价就是追踪学生的学习过程,掌握学生不同时间节点的学习成绩或学业表现,通过对比评价,帮助学生不断进步与发展。增值性评价要通过评价促进学生学习的增值。

比如,有位教师为了促进学生对友谊的深刻认识,在各个年级都提出

"你认为什么是真正的朋友？"这一问题，然后引导他们分享经历，阅读各种关于友谊的故事等。低年级的学生倾向于认为"一起玩得开心就是朋友""彼此分享零食和玩具就是朋友"；中年级的学生倾向于认为"朋友不仅是快乐的玩伴，更是患难时互帮互助的伙伴"；高年级的学生倾向于认为"朋友有共同志趣，会相互欣赏对方的人格和品质"……这些对朋友的评价就是增值性评价。

还可以通过设置进阶性的评价量规（见表4-3），引导学生进行增值性阅读评价。学生可以对照进阶性评价量规，发现自己或同伴现在"在哪里"，下一步"去哪里"，未来"去哪里"，不断地进行"阅读进化"，实现增值学习。比如，陈燕萍老师在引导学生学习"民间故事"大单元时，设置了一个阅读活动：阅读莆田妈祖民间故事《化草救商》，能根据民间故事的特点进行评价并提出合理的建议。

表4-3 进阶性评价量规

评价指标	等级
1. 能根据情节和细节概括出人物的特征； 2. 能举出不可思议的地方，说明想象的特点； 3. 能列出小标题或找出遭遇的磨难，说明情节的特点； 4. 能说出故事表达的愿望； 5. 能对情节进行创意调整，合理地增设人物； 6. 能提出修改意见	优秀
1. 能根据情节和细节概括出人物的特征； 2. 能举出不可思议的地方，说明想象的特点； 3. 能列出小标题或找出遭遇的磨难，说明情节的特点； 4. 能说出故事表达的愿望	良好
1. 能根据情节和细节概括出人物的特征； 2. 能举出不可思议的地方，说明想象的特点； 3. 能列出小标题或找出遭遇的磨难，说明情节的特点	合格
能说出故事想象特点、情节特点和人物性格特征	待改进

（四）综合性评价

评价的内容是综合的，其涉及全学科阅读的方方面面。评价的方法是综合的，不仅有过程性评价而且有结果性评价，不仅有形成性评价而且有总结性评价，不仅有客观性评价而且有表现性评价。评价的主体具有综合性，涵盖了自评、互评、家长评以及教师评等多个方面，其中尤为重要的是强调学生的"自评"。简要来说，综合评价，即强调评价的全面性、过程性、综合性，评价的内容是多样的，评价的主体是多元的，评价的维度是多方面的，评价的标准是多元的，评价的方法是多样的。

马云鹏教授在《深度学习：走向核心素养（学科教学指南·小学教学）》一书中举例：在学习比例尺内容时，教师设计"绘制校园平面图"的教学，透过具体的情境，使学生在参与绘制校园平面图的过程中体会比例尺的含义，会用比例尺解决具体问题。表4-4是"绘制校园平面图"教学的评价量表。

表4-4 "绘制校园平面图"持续性评价量表

评价层面	需要避免	可以提高	真的很棒
知识和技能	校园平面图应符合比例要求	比例尺选择合理；平面图地点标注清楚	除满足"可以提高"的标准外，平面图实用性强、有创意
交流互动	不会自主交流设计方案；不能通过交流发现问题、解决问题；汇报成果不完整；汇报时间长，表达不清楚，没有平衡图片与文字的比例	能交流设计方案并进行改进；能通过交流发现问题、解决问题；汇报的文字内容清晰、简洁、无错误；小组汇报表达清晰	除满足基本条件外，还要求交流心得体会，分享快乐；小组汇报较生动
协商合作	你的小组：没有为所有成员创造分享想法的机会；没有公平地分配工作；没能充分利用委派任务的机会	你的小组：倾听并尊重每个人的观点；相对公平地分配工作；根据成员各自的强项委派任务	你的小组：整个过程中保持富有成效的合作关系；在合适的情况下，考虑到每个人的需求；团队协作所创造的成果远远超过任何个人所创造的成果
项目管理	你的小组：由于精力分散或低效而浪费了宝贵时间；在开始时没有花时间去制订计划；错失了修订计划的良机	你的小组：一直在执行任务，且大致上工作有效率；在项目开始时制订了计划；在截止时间前已经有了可以分享的成果	你的小组：掌控整个小组的进展；每当必要时，进行项目计划的修订；预留了一定时间用于修改最终成果

上述案例从"知识和技能""交流互动""协商合作""项目管理"等方面对学生的阅读（学习）情况进行综合性评价，可以极大地促进学生进行深度学习和阅读。

阅读的效果需要评估来检测，阅读的过程需要评估来监控，阅读的方法也需要评估来调整。我们明确全学科阅读评价的主体是多元的，我们倡导自评、互评、师长评；全学科阅读评价的内容是多元的，从阅读兴趣、阅读材料的选择、阅读参与、阅读思维、阅读分享、阅读策略、阅读调控等角度来综合考量；全学科阅读评价的方法是多元的，包括基础任务测评、闯关进阶测评、调查问卷等，尤其是可以进行任务情境测评、项目化测评、过程化测评等，即在阅读过程中要让学生通过"说、读、画、写、唱、辩、演"（说故事、说内容、说感受、朗读精彩片段、画出阅读内容、写出阅读的体会感受、唱出阅读的精彩语句、与同学进行主题辩论、表演出阅读的内容）等多种方式来表达他们的所思、所感、所悟、所得。据此，引导他们对阅读的目标、重点、方法、时间、资源等进行适当调整，以取得更好的阅读效果。

第五章
全学科阅读的六大原则

第一节 有目的的阅读

一、什么是有目的的阅读

有一个著名的心理学实验:让实验对象观看一个短视频,观看之前先向他们提出一个问题:"穿白色球衣的球队共有多少次传球?"整个视频时长1分钟左右,视频的内容是,穿着黑色和白色服装的黑白两队运动员在赛场上互相传接球,中间还穿插了一个片段,一个伪装成黑色大猩猩的人,走进人群停顿了一会儿,对着镜头敲打自己的胸膛,然后走开。看完后,请实验对象回答观看之前提出的问题,所有人的回答都是34次。正确无误。当实验对象被问有没有看到大猩猩时,居然有50%的人没有看到;而如果观看视频前就此向实验对象提问,那么一定是100%的人都会看到大猩猩。这说明了什么?说明目标引领着注意,引领着认知。没有明确的目标指向,我们的认知往往是低效的。

人类活动最显著的特征在于其自主性和自觉性,这种特性体现为一种清晰明确的目的导向性。正如德国思想家卡尔·马克思所指出的,在古希腊,一种作为强烈和持久向往之目标的理想在生理上和精神上成功地塑造了人类。关于"教育"的诸多定义中,根本的部分就是有目的、有组织、有计划地促进人积极发展的活动。阅读素养是为达到个人目标,增长知识和发展个人潜能及参与社会活动,从而具备对文本进行理解、使用、评价、反思和参与的能力;而人的自觉的目的性、教育明确的目的性及阅读素养本身的目标性决定了阅读过程必须有着清晰的目标指向。有目的的阅读指的是阅读者基于一定的阅读目标、任务,综合运用各种方法、手段、资源、媒介进行阅读规划、阅读实践、阅读调整、阅读评价等活动,从而达成阅读目标、解决问题或完成任务的过程。

二、为什么强调有目的的阅读

爱迪生小时候家境十分贫困,他一边卖报,一边读书。一天,有位先生问他:"你读过多少书?"小爱迪生天真地回答:"我已经读了15英尺(约4.57米)厚的书了。"这位先生好奇地问:"你原先读的书,和你现在手里拿的这本书,内容完全不同,你是怎样阅读的?"小爱迪生认真地答道:"我是按照书架上图书的次序读的,我想把图书馆里所有的书一本接一本地读完!"这位先生听了更为惊讶,他郑重地对爱迪生说:"如果没有目的,不会选择书籍,学习效果就不会很好。希望你选定一个目标,然后朝这个目标去努力。"

阅读必须有明确的目标意识,否则必将导致劳而无功,甚至是南辕北辙。缺乏明晰阅读目标的阅读活动如脱缰的野马,没有方向,漫无边际;如同汪洋大海中迷失航标的小船,随波逐浪,无处归泊。阅读目标在阅读过程中一般起着激励、定向、导航、评估等作用。约翰·哈蒂与格雷戈里·C.R.耶茨在《可见的学习与学习科学》中提出,学习(阅读)能够带来积极的情绪体验,即高层次的奖赏和个体满足感。然而这些愉悦的体验都是与目标紧紧关联的:一是开始的计划和目标设定;二是达成计划目标。虽然很多时候学习是艰难的、艰苦的、充满压力的、令人不快的,但是阅读者(学习者)在设定目标与达成目标的过程中,享受的是拥有技能、展示实力等自我成长及自我实现的愉悦。

苏霍姆林斯基经过大量的课堂观察指出，许多课（甚至有多年教龄的教师的课）的重大缺点之一，就是不善于明确地提出课的目的，并且使整堂课的推进都服从于这一目的。联系课堂阅读的现状，师生缺乏明确的阅读目的或目标的现象仍然大量存在。通过观察发现，大多数学生在实际的阅读活动中缺乏明确的阅读目标，随便抓起什么就阅读，阅读获得了什么都不甚了了，结果看起来读得很勤奋，实际上收效甚微，甚至是劳而无功。在不少课堂上也会看到类似的情况，教师出示了某张图片、某个视频、某个音频、某个文本资料，让学生花两三分钟读、看、听，而后才提出一个问题或一个任务让学生直接来回答或完成。结果，大多数学生不知所云，即便回答了也是七零八落。其原因是没有明确的阅读目的（目标），所有的活动就不聚焦，自然而然就难有大的收效。

三、如何进行有目的的阅读

阅读的目的（目标）决定了阅读的策略与方法，也决定了阅读的效率与质量。在阅读活动之前要让学生明确阅读目的，在阅读过程中把握住阅读目的，根据阅读目的进行梳理、整合、判断、思考、表达、创造。在课堂学习中，学生在阅读前要明确阅读目标、问题或任务，带着目标、问题或任务进行学习。

（一）通过阅读卡片或学习提示向阅读者提示阅读目标及任务，阅读者可以据此锚定目标进行阅读

阅读卡片是针对阅读设计的一种学习卡片，能够帮助学生有目的地阅读，增强阅读的有效性。学生的阅读一般会产生两种结果：一是通过阅读理解科学知识，并将其内化为解释生活中一些科学现象或解决实际问题的能力；二是产生新的问题，需要进一步阅读或求助他人。利用阅读卡片可将习得的东西和遇到的问题分类处理，为后续学习做好铺垫。

例如，在二年级"了解天气"单元教学中，有位教师为学生挑选了《揭秘天气》绘本。为了让学生有目的地阅读，这位教师给学生设计了有针对性的阅读卡片，如图 5-1 所示。

《揭秘天气》阅读卡片

班级：_____ 姓名：_____

1. 你从书中了解到多少种天气现象？用符号把它们表示出来。
2. 天气与我们的生活有什么关系？从书中找出一个例子，把它画下来。
3. 天气预报是怎样完成的？在这本书的第几页能找到答案？

图 5-1

又如，谢智孟老师在教学小学数学《田忌赛马》一课时，引导学生理解学习目标之后，出示问题 1 "田忌赢齐王的策略是什么？"后出示学习提示：

1. 带着问题 1 观看视频，把导学单补充完整。
2. 思考：观察表 5-1，对比第一次比赛和第二次比赛的比赛安排，还是同样的马，为什么第二次比赛田忌能战胜齐王？

表 5-1 《田忌赛马》导学单

学校：_____ 班级：_____ 姓名：_____

第一次比赛

场次	齐王	田忌	本场胜者
第一场	上等马	上等马	齐王
第二场	中等马	中等马	齐王
第三场	下等马	下等马	齐王

第二次比赛

场次	齐王	田忌	本场胜者
第一场	上等马		
第二场	中等马		
第三场	下等马		

对比两次比赛，说说田忌是怎样赢了齐王的

3.把你的想法和同桌说一说(表5-2为应对策略展示)。

(温馨提示:"上等马"可以简写为"上","中等马"可以简写为"中","下等马"可以简写为"下")

表5-2 有序排列田忌可以采用的所有应对策略

	第一场	第二场	第三场	获胜方
齐王	上等马	中等马	下等马	
田忌1				
田忌2				
田忌3				
田忌4				
田忌5				
田忌6				

(二)通过引导学生梳理与提炼阅读前或初读中的问题,以问题作为阅读的目标导向

清晰明确的问题意识及解决问题的冲动是引导阅读者持续深度阅读的动力与方向所在。在问题的催促与指引下,阅读者无暇旁顾,就会一心一意直奔"问题解决"这一目标而去。钟启泉教授在《深度学习》中指出:学会提问是学生进行思考,展开深度学习的基本功,是导向新发现的转折点,可提高学生"自己即学习的主人"的意识。在学生学习与阅读过程中,教师要引导学生在阅读前、阅读中、阅读后不断地提问、不断地思考、不断地解答,尤其是在初读之后提出问题,然后全班一起交流分享,教师引导他们进行归纳提炼,将最有价值的问题整合成深度阅读的目标。

比如,《提升小学生数学问题解决能力的教学策略:一项追踪实验研究》一文列举了一个案例。在数学综合实践课"交警问题"中,问题情境

为：城镇的公路都是笔直的，两条公路会有一个交叉口，为了维护交通秩序，打算在每个交叉口都安排一名交警执勤。这座城镇一共有6条公路，最多需要安排多少名交警执勤呢？教师先让学生提取数学信息，学生找到"笔直""6条公路""两条公路有一个交叉口""最多"等信息。当学生发现了"最多"这一信息时，教师再引导学生进行举例，让学生充分讨论对"最多"的理解，并引导学生提问：两条线最多有1个交点，现在你还能想到什么问题呢？最后，学生提出了关键性的问题：3条线相交最多会有几个交点呢？这一过程，实际是引导学生提出关键问题的过程，也是解决问题的重要基础。

让学生学会提问，并且因势利导，引导学生对问题进行审视与归纳，找出与学习目标关联密切的、具有思维含量及价值的问题进行探究学习，这样，以提出问题及解决问题为目标，学习目标来自学生，自然能引发他们通过阅读解决问题的兴趣与欲望。美国著名教育心理学家戴维·珀金斯在《为未知而教，为未来而学》中提出，教育的任务不仅仅是传递"已经打开的盒子"里面的内容，更应当是激发学生对"尚未打开的盒子"和"即将打开的盒子"的内容的好奇心。学者徐贲认为，阅读的目的往往与阅读的问题意识是一致的，问题意识并不只是在阅读时才出现在我们的脑海里，而是持续地影响着我们关注和思考事物的方式和认知倾向，变成我们人生经历和生活的一部分。也就是说，问题意识与阅读目标（思考目标）是一致的，问题即目标，问题即探索，问题即不断地探求真理。

（三）通过创设任务情境，阅读者以任务为目标进行阅读

在论及阅读目的时，很多人众口一词地称，最好的是不抱着功利目的去阅读，即所谓的"为阅读而阅读"。其实，这涉及我们对于"功利"的理解。人们常说的不抱着"功利"目的更多的是指以下两点：一是不要"急功近利"，二是不能忽视阅读本身的快乐与体验。阅读的目的固然是多种多样的，实用性和运用性是许多人阅读的重要目的。学科阅读，我们最终的目标是通过阅读用学科知识、学科方法、学科思维去解决真实情境中的复杂问题,从而增进学科素养。认知不仅仅是大脑的活动,而是大脑、身体、学习情境互相交互的产物。身体在塑造精神的过程中扮演着一个具有构成性影响的特别角色。

例如,庄怡清老师在《素养导向的小学道德与法治大单元教学探略》一文中提出,在统编版小学道德与法治五年级上册第四单元"骄人祖先灿烂文化"的教学中,聚焦文化认同与文化自信培育,设置大任务:假如你是中华文化小使者,你会选择什么内容、怎样向外国友人讲述你为之自豪的中华文化的故事?教师以此实现单元整体设计,基于单元不同课时主题设置不同的情境任务,将其分解成三个任务群:引导学生通过写好汉字来传承中华文化,在绘制展示古代科技的"中国名片"中感受自豪,并在制作"致敬榜样航天精神"相册的过程中培养解决问题的能力,同时深入学习和领悟中华文化。

例如,在统编版小学语文五年级下册第六单元任务群的教学中创设的单元任务情境为:班级计划开展一次"头脑风暴",让同学们思维的火花烧得更旺,找到变聪明的密码,然后去创编属于自己的思维故事。语文老师计划利用接下来的两周时间,一边带领同学们深入学习第六单元的内容,一边启发大家收集并创编充满奇思妙想的思维故事。第二周的星期五,班级将举办一场"头脑风暴"故事分享会,让同学们有机会展示自己的创意作品。任务要求:(1)撰写一个探险故事。(2)参加"头脑风暴"故事分享会。完成标准:(1)故事中主角、配角的行为,要能体现他的思维,并跟他的习惯、身份、经验等相符合,其中主角的思维要具备完整性、灵活性、独特性、奇妙性,最终能解决问题。(2)故事能反映多种角色在情节中的推动作用,在情节的高潮出现之前,做好铺垫,把问题推向极致。(3)小组选出的组员要能充分代表本组成员,并且能上台大方展示,并能说清楚自己创编故事的思维过程。(4)聆听的同学能理解台上展示者所创编的人物的"奇思妙想"所在,能提出更具创造性的解决问题的方法。

没有目的的阅读是盲目的，没有目的的阅读是低效甚至无效的，有针对性、目的性的阅读可以增强动机、方向感与效能感，提升阅读质量。创设富有统摄性、真实（包括虚拟真实）的表现性任务可以改变一个课堂，使之生机勃勃。在这样一个充满生机的环境中，学生主动投入学习，师生都充满活力。其主要原因就在于学生以完成任务为目标，为了任务而阅读、基于任务而阅读、通过任务而阅读，有明确的任务与目标，学生就会"收拾精神，归并一路"，阅读效果自然而然就会提升。

琳达·达林－哈蒙德等在《高效学习：我们所知道的理解性教学》中指出，好几个研究项目提供的令人信服的证据表明：当学生抱着特定的目的参与阅读真实文本时，对阅读的理解就加速了，这个目的是充分理解材料以用于其他用途，比如生成论点或以某种方式应用概念。阅读学研究表明，阅读能力弱的学生往往对阅读的一般目的及特殊任务缺乏清晰的认识，甚至没有意识，他们只是把阅读当作一种提取表层意义的"译码"过程，而不是"关联问题、关联自我"，建构意义的过程。只有抱定明确的阅读目标，阅读才不会随心所欲地"跑野马"，不会漫不经心而最终一无所获。

第二节　有策略的阅读

不少家长及教师会发现一个令人迷惑不解的现象，即许多孩子读了大量的书，可是大量的阅读对他们的思考、表达及学业成绩的提升作用并不大。这到底是为什么呢？其中有多种因素在起作用。然而，我时常会追问：孩子阅读的目的是什么？阅读的内容是什么？运用了怎样的阅读方法？等等。其中的一个重要因素是孩子如何阅读。如何阅读是阅读策略的问题。美国学者艾德勒和范多伦在《如何阅读一本书》中提出了四种阅读方法（策略）：基础阅读，即识字并知道"这句话是什么意思"；检视阅读，即理解全文的大意，如"这本书在谈什么""这本书的架构如何""这本书包含哪些部分"；分析阅读，即完整的阅读，对所读的内容提出一系列系统性的问题，并持续阅读直到完全理解，仿佛这本书的内容已成为他自己的一部分；主题阅读，即比较阅读，围绕主题进行群书阅读，可能会构建出一个全新的主题分析框架，这个框架可能超出了任何单一图书所涵盖的内容。对照之下，我们就可以理解，大多数孩子是运用了什么阅读方法、停留在什么阅读层次上。显而易见，他们更多的是运用第一种、第二种阅读方法，停留在第一种、第二种阅读层次上，所以他们无法真正提高阅读理解能力。也就是说，深度阅读策略与方法的缺失，造成了阅读素养无法真正提升。

阅读策略是什么呢？谷屹欣老师认为，阅读策略是指读者为了理解文本或解决阅读理解问题，在阅读前、阅读中、阅读后，有意识、有目的地采取的一系列认知行动或系统性步骤。我们认为，阅读策略在某种程度上就是学习策略，也就是在阅读活动中，为了达到一定的阅读目标而运用的阅读规则、方法和技巧，是一种在阅读活动中思考问题的操作过程。有策略的阅读指的是在阅读活动中，为了达成一定的阅读目标，学习并运用相应的阅读规则、方法、技巧，调动相应的资源、手段、媒介进行阅读思考与表达的过程。

著名语言学家周有光先生在回忆自己早年在圣约翰大学的求学经历时表示，老师培养他们的阅读兴趣并教授阅读方法，这让他们受益匪浅。当时的圣约翰大学图书馆有很多书报杂志，老师鼓励大家去大量阅读。当时，周有光每天都去读报纸。最重要的是，有位英国教师指导他们怎样读报纸。老师说读报是有方法的，读报时要问自己：今天新闻中哪条最重要？为什么这条新闻最重要？这条新闻的历史背景是什么？如果不清楚就去查书。后来他们按照老师的方法去看报，真的很有收获。后来，周有光将这种方法应用到了读书和做研究上，这对他的成长和发展产生了深远的影响。又如，刘电芝教授进行的应用题解题思路训练的实验表明，在小学六年级的复习阶段，实验班学生以训练解题思路的方式进行复习，对照班学生以常规方式进行复习。通过20课时的对比实验，实验班学生的解题平均成绩高出对照班17.87分，而且实验班学生的数学学习兴趣也有较大幅度的提升，实验结束后开始对数学应用题产生兴趣的学生占35.29%，实验结束后兴趣更浓的学生也占35.29%。

从上面所述我们就可以看到阅读策略与方法的重要价值与意义。钟启泉教授提出，"素养"与"知识"的差别就在于"方法之知"与"内容之知"。"方法之知"是指学科知识内容的学习方式与思维方式。当然，强调"方法之知"并不等于轻视学科知识内容的教学。一旦展开了"内容之知"的深度学习，"方法之知"也就培育起来了。阅读策略与方法就是在培养学生的"方法之知"，也就是在培养学生的"阅读素养"。"工欲善其事，必先利其器"，阅读策略是深度阅读、自主阅读的基础。运用阅读策略才能读得快、读得懂、读得深、读得好。只有这样，才能更好地培养学生的阅读素养。

良好的阅读策略是通向高质量全学科阅读的一把金钥匙。PISA结果表明，对有效学习策略的了解程度与阅读熟练程度之间存在紧密的关联，读得多但是不知道哪些阅读策略更有效的学生，成绩不如那些读得少却知道哪些策略有效的学生。阅读策略能够引导我们更好地进行高质量的阅读。那么，如何引导学生进行有策略的阅读呢？

一、有策略的阅读要有具体的程序引导

在日常课堂及学习过程中，不少老师会提醒学生运用策略与方法阅读，比如常见的"请用数形结合方式思考""请用想象的方法阅读""请联系生活实际说说怎么解决这个问题"……这些学习提示看起来也指向阅读策略与方法，可是实际上学生仍然感到无从下手，因为它们缺乏可操作性。这种大而无当、泛泛而谈的方法往往"正确而无用"，就像古诗说的"草色遥看近却无"。所以，美国教师雷夫·艾斯奎斯在《第56号教室的奇迹》中写道："老师有时会对无法解答题目的学生失去耐性：'动动大脑啊！'动动大脑？这句话到底是什么意思？我还没见过任何人在听从这个命令后解决问题的。'自己再看一遍'也是。学生们常会在鼓起勇气向老师求助，希望老师帮助解决某个问题时听到这句话。'自己再看一遍'的命令往往让学生们饱受惊吓，不敢回答老师说：'喂，这位女士，我已经看了12遍了，就是看不懂才问你啊。我需要帮忙啊！'为人父母和师长的我们，不该常用无意义的指示来搪塞遭遇困难的孩子：我们必须做得更好。"雷夫·艾斯奎斯老师是怎么做的呢？开学初期，他就和学生玩起了解决难题的游戏。当学生都准备好纸笔后，雷夫·艾斯奎斯老师强调，学会解决问题需要开动脑筋，勇于面对挑战。随后，他将"如何解决问题的步骤"分发给每位学生，并要求他们将其贴在课桌上，认真学习和背诵。解决问题的步骤是什么呢？步骤一：理解题目，搜集相关资料。步骤二：选择合适的策略。（1）付诸行动。（2）选择运算方式。（3）画图。（4）先猜测再检查。（5）找出模式。（6）制作图表或表格。（7）逻辑推理。（8）逆推。步骤三：解题。步骤四：分析。

这一"法宝"为学生解决问题提供了具体可操作的流程,让他们明白理解问题的过程。然后,雷夫·艾斯奎斯在每个策略上花一个星期的时间引导学生学习、练习及运用,最终学生掌握了解决问题的策略。

二、有策略的阅读要有示范引领

教育教学从本质上说是一种"范本"教育。每个人的成长都是从模仿"范本"开始的,通过临摹学习、理解其精髓,并最终学会应用这些"范本"来实现个人目标。阅读策略是一种程序性知识,程序性知识的教学需要"现身说法",即边演示边解说,让学习者明白怎么做及为什么这么做,尤其重要的是示范。在日常的阅读教学中,不少教师也采用示范的方式进行指导,但示范得更多的是结果,没有示范运用策略的思维过程,也没有示范运用策略的程序与步骤。示范是使隐性策略显性化的过程。示范过程让阅读策略的思维过程看得见,让学生的思维过程看得见,让学生的学习过程也看得见。

例如,王崧舟老师在上《我的伯父鲁迅先生》这一课时,为了引导学生与文本深度对话,深入理解本课所讲的六件事,设计了一个"摘录资料,走进晚年鲁迅"的环节。

以如何做"摘录卡"为例:有一名学生根据《我的伯父鲁迅先生》的第一段资料,做了这样一张"摘录卡"(如图5-2所示)。

摘录卡

标题:广受爱戴

时间:鲁迅先生去世的时候

地点:万国殡仪馆

摘录内容:伯父去世了,他的遗体躺在万国殡仪馆的礼堂里,许多人都来追悼他,向他致敬,有的甚至失声痛哭。

图 5-2

以四人小组为单元,选择《我的伯父鲁迅先生》中的一个事例,通过阅读、讨论,做好摘录卡。具体教学片段如下:

师:争取半分钟看懂,这张摘录卡里的关键信息是什么?

生:标题。

师:读。

生:广受爱戴。

师:这个标题是从鲁迅的角度提炼的。

师:还有……

生:时间、地点。

师:还有……

生:从这段话中摘录一句重要的话。

师:为什么摘录这句话?

生:这句话与标题完全相符。

接着教师引导学生分成五个小组,每个小组针对其他五件事各做一张摘录卡(让每个学生做摘录卡,时间为5分钟),然后进行分享。其中,学生交流"笑谈碰壁"时呈现出这种情景:

生1:笑谈碰壁。

师:真厉害,太准确了。

生2:时间。

师:没错。

生2:地点。

师:没错。

生3:重要的句子——"你不知道,"伯父摸了摸自己的鼻子,笑着说,"我小的时候,鼻子跟你爸爸的一样,也是又高又直的。"

师:有笑谈,但没有碰壁,继续调整。

生1:我来补充这名同学说的。

师：你不认识他吗？

生1：我来补充陈胜男的观点。"你想，四周黑洞洞的，还不容易碰壁吗？"

师：大家讨论。

生1："你想，四周黑洞洞的，还不容易碰壁吗？""哦！"我恍然大悟，"墙壁当然比鼻子硬得多了，怪不得您把鼻子碰扁了。"（在座的人都哈哈大笑起来）

师：一起完成，团结的力量就是大。

加拿大著名的阅读研究专家阿德丽安·吉尔在《阅读力：文学作品的阅读策略》一书中提出，阅读力教学有四个步骤：教师示范、在教师指导下练习、独立练习、运用。她认为这四个步骤都很重要，第一个步骤——教师示范最重要。王崧舟老师的上述案例就充分体现了阅读策略教学的"示范、指导、独立练习及运用"的过程。通过示范引领，教师引导学生在阅读中领悟阅读目的、情境、效果及策略的内在关系，促进学生更扎实有效地掌握阅读策略的程序、步骤及相关原理，更好地学习并运用这一策略。

第三节 能自主地阅读

一、什么是自主阅读

马克思在谈到人的自主发展时,提出了三个阶段:第一阶段是依赖于他人,第二阶段是依赖于物,第三阶段是摆脱对他人与物的依赖。其中第三阶段就是自主。钟启泉教授认为,"自主学习"是以"学习的主体性"为核心,即强调"儿童成为学习的主体",让儿童对自己的学习负责,自己掌握学习的方向和进程,这是其理想的教学模式。按照美国心理学家齐默尔曼的界定,自主学习是学习者在元认知、动机作用与行为中,能动地参与自身学习的过程,或者说,是学习者旨在达成自己的目标,由自身发动的持续的有一定导向性的认知、情感、行为的过程。我们认为自主阅读是指阅读者自己激发阅读兴趣与动机,自己确立阅读目标,自己选择合适的阅读材料、阅读策略与方法,自动调整阅读过程,并对自己的阅读效果进行评估的整个活动。

二、为什么要强调自主阅读

(一)人的成长需要自主精神

古希腊哲学家苏格拉底认为,人类的美德是全凭其实践与经验而自主地增长与增强的。人的成长与发展是一个积极主动的创新和开拓过程。一个人如果缺乏自主的精神,那么他要么像一个木偶人,要么像一个机器人,唯独无法成为自主发展的人。凡是不主动的,就会失去"主体性",沦为"客体",也就是说,不具有生长性与发展性。

（二）教育是激发学习者自主性的过程

德国教育家第斯多惠说过，教育的原理就是激发的原理，教育的艺术就是激发的艺术。所谓激发，就是激发学习者自主学习、自主阅读、自主成长的意愿与热情。哲学家梁漱溟先生非常重视自主学习与自主阅读，他认为"真不真，全看是不是自己求得的。一分自求，一分真得；十分自求，十分真得。'自学'这话，并非为少数未得师承的人而说；一切有师傅教导的人，亦都非自学不可"。学问之道，欲其自得之；教育之道，欲其自得之；阅读之道，欲其自得之。"自得之，则居之安；居之安，则资之深；资之深，则取之左右逢其原。"

（三）阅读是阅读者主动建构意义的过程

阅读不是被动地接收文本的信息、外界的输入，而是以自我的兴趣、需要、经验、思想等积极与文本对话，主动建构意义的过程。阅读是寻求自我、认识自我、发展自我、塑造自我的过程。深刻的阅读就是一种深入地重塑自我的过程。艾德勒和范多伦所著《如何阅读一本书》的第一章标题为"阅读的活力与艺术"，文中对比了被动阅读与自动阅读的差别。作者认为，阅读越主动，效果越好。读者对自己以及所阅读的书籍要求越高，从中取得的收获也就越多。

三、如何进行自主阅读

美国著名的教育家、心理学家罗杰斯在《罗杰斯著作精粹》中提到一项关于教师引导学生自主学习的研究：第一组是"积极倾向"组，倾向于教育教学是"帮助孩子们学会自主思考和独立""鼓励学生积极参与"等观点。第二组是"消极倾向"组，倾向于教育教学是"让学生顺从听话""试图教导那些非常缺乏学习能力的孩子"等观点。研究发现，在孩子们的感知上，第一组比第二组表现出了更多的同感、珍视和真实。第一组显示出了高度积极的态度，而第二组却没有。由此可见，自主学习与自主阅读可以产生更高质量的学习。那么，如何进行自主阅读呢？从理论上讲，自主阅读就是促进学生在阅读的过程中不断增强自主性从而实现自主确定阅读目标、自主选择阅读材料、自主创生阅读策略、自主进行阅读评价、自主调整阅读过程，从而培养良好的阅读素养。在实际教学中，我们不能操之过急，而是要因人而异、因势利导、因材施教、循序渐进。

（一）解放阅读者，让阅读自由发生

在严丝合缝、无孔不入的所谓"指导"下，我们的学生往往失去阅读的自由，就如同中国现代作家林语堂先生所说：学校使学生陷入"所读非书，不许读书"的局面。阅读内容、时间、过程、方法、结果等都是由教师"一手包办"且"一办到底"的。如此一来，学生没有真正经历自主"选书、读书、说书、解书、演书、做书、写书"的过程，也就没有真正自主"选书、读书、说书、解书、演书、做书、写书"的能力，导致许多人在学校读了好多年的书，到头来还是"不会读书"。基于此，我们倡导陶行知先生"六大解放"的精神，在阅读时解放学生的"时间、空间、头脑、双手、眼睛、嘴巴"。当然，这里的"解放"并不意味着"放任不管""放任自流"，而是类似于哲学上所说的，从"必然王国"走向"自由王国"。

华中师范大学的罗祖兵教授在美国做访问学者期间，在一次小学三年级的数学课堂观摩中，看到这样一幕：一组（四名）学生通过竖式计算"200×326＝？"。在列竖式时，他们将200放在上面，把326放在下面，写了好几排的0以后，他们不知道怎么办了。四名学生你一言我一语，快到下课了，这道题也没有做出来。其间，教师过来看过几次，但没有给予任何具体指导。课后罗教授问任课教师："你为何不教他们如何做呢？"教师的回答让他惊讶："他们应当自己学会！况且，他们没有要求我提供帮助啊！"罗教授的思考是：乍一看，该教师对学生的学习太不负责了，然而美国学生的创造性总体而言是世界一流的。再对照中国教师在课堂上的"无微不至"及其最终的教育质量，不得不让人深思：我们的教导是不是过度了,以至于剥夺了学生学习和发展的机会?因为,"教导和学习之间存在巨大的差异:如果有太多的教导,就不会有充分的学习"。

(二)把阅读还给阅读者,加以适当的指导

《学记》中说:"故君子之教喻也,道而弗牵,强而弗抑,开而弗达。道而弗牵则和,强而弗抑则易,开而弗达则思。和、易以思,可谓善喻矣。"君子的教育,是引导而不强拉,勉励而不挫伤,启发而不说尽。引导而不强拉,师生之间就融洽;鼓励而不挫伤,学生就会感到容易接受;启发而不说完,就能促进学生思考。师生和谐,学有信心而又促进思考。可以说,这是很完善的教育了。在新课标背景下,教师要成为学生学习的设计者、激发者、组织者、引导者、合作者、创造者,也就是要对学生的学习适时适度地激发、引导、点拨、总结与提升。

何建琴老师在文章中写道:

统编版小学语文五年级上册第三单元的人文主题为"民间故事,口耳相传的经典,老百姓智慧的结晶",语文要素是"了解课文内容,创造性地复述故事;提取主要信息,缩写故事"。我和同伴把这一单元定位为"文学阅读与创意表达",对这一任务群的教学内容进行大单元教学设计,共设计了七个核心任务,第四个任务为"创造性复述民间故事"。为完成这一任务,我们设计了四个课时,制订了四种不同的复述策略,其中第三种策略是:转换口吻,创造性复述民间故事。这一策略应用在《猎人海力布》的学习实践活动中。学生进行"读思达活动一"的学习:默读课文第8、9自然段,以海力布的口吻向小白蛇讲述"乡亲们搬家"的部分,先在段落中做适当的批注、调整,再自己说说。在充分地自学、合作交流后,又组织全班同学复述展示。佳怡同学是这样表达的:

我听完两只鸟的对话,大吃一惊。我急忙跑回家对乡亲们说:"咱们赶快搬到别处去吧!这个地方不能住了!"大家不为所动。有个老人对我说:"海力布,你是我们的好邻居,我们知道你从来不说谎话。可是今天你让我们搬家,你总得说清楚呀。咱们在这山下住了好几代啦,老老小小这么多人,搬家可不容易呀!"我知道着急也没有用,不把为什么要搬家说清楚,大家是不会相信的。再一迟延,灾难就要夺去乡亲们的生命。要救乡亲们,只有牺牲自己。我想到这里,就镇定地对大家说:"今天晚上,这里的大山要崩塌,洪水要淹没大地。你们看,鸟都飞走了。"接着,我就把怎么得到宝石,怎么听见一群鸟商量避难,以及为什么不能把听来的消息告诉别人,都原原本本照实说了。我刚说完,就变成了一块僵硬的石头。

通过分析与原文的不同点,我们一起梳理出了"转换口吻,创造性复述民间故事"的策略方法:(1)满足听众的要求。(2)有听众意识。(3)语言通俗。(4)增加细节。(5)变化人称。

为了训练学生对这一策略的掌握,我又出示了"读思达活动二":默读课文第8、9自然段,请以小孩的口吻讲述"海力布劝他们搬家"的部分,先在段落中做适当的批注,与同桌说说。(学习提示:用上梳理出的策略)

几分钟的学习过后,学生的复述令人激动。小烨同学是这样复述的:

当时我和小伙伴玩得正高兴,突然,海力布急急忙忙跑回来。咦,海力布不是去打猎了吗,怎么这么快回来,还如此着急?他站在一块大石头上大声喊着叫我们搬家。我们都觉得很奇怪。当时我很不理解,但是从海力布的表情中,我觉得里面肯定有什么隐情,我们都知道海力布的为人,他肯定不会骗我们的。可是突然搬家,大人们肯定不会答应的。看到我们无动于衷,海力布急得掉下了眼泪。海力布对我们发誓说他说的是实话,可是大家还是没有行动。只见海力布犹豫了一小会儿,然后和我们说了他得到宝石的经过和禁忌,以及他今天听到鸟儿们谈论的内容。正当我们要和海力布道谢时,海力布已经变成了石头。

上述教学过程是让学生充分自主地阅读思考并尝试进行创造性复述,教师引导学生一同归纳出创造性复述的方法,在此基础上又让学生自主运用，取得了良好的效果。正如苏联教育家赞科夫所说："教育工作最重要的任务就是以最高的效率推动学生自主发展。"

（三）让学生承担更多的责任，逐步实现自主阅读

自主阅读需要经历从教师的教读到教师的导读再到学生的自读的过程。自主阅读一般采用的是"责任的阶段性转移的教学框架"，即从减轻认知负荷、提示范本的教师，转向师生共同负担责任的阶段，再逐步转向学生自主学习与应用的阶段。有效的教学方法是从教师阶段性地减轻自己的负担过渡到学生更多地承担责任的过程。学生通过承担更多责任的过程，成为有能力的、自立的学习者。这一转移过程可能需要一节课、一天、一周、一个月、一年，甚至更长的时间才能完成。

比如，在统编版小学语文五年级下册《青山处处埋忠骨》一课的教学中，教师引导学生完成"探究体会人物内心的方法"这一子任务，根据课文内容（毛主席面对电报时的场景、面对请示时的场景、面对记录稿时的场景）分为三个环节来进行。

学习活动一：默读课文第一部分（第一个场景），找出描写毛主席动作、语言、神态的语句，体会他的内心世界，并写下批注，再有感情地朗读。（时间：约5分钟）全班交流，教师引导并总结学习方法。

学习活动二：默读课文第二部分（第二个场景），运用前面学习的方法，体会人物内心，根据量规进行学习交流。教师适当地点拨指导，强化及优化方法运用。

学习活动三：默读课文第三部分（第三个场景），再次运用前面学习的方法，体会人物内心，将内心活动写出来，根据量规进行自评互评，全班交流。

上述三个学习活动就是教师的教不断转化为学生的学的过程，实现了从"扶"到"放"的自主阅读，从而培养了学生的阅读策略与阅读能力。

第四节　有合作的阅读

有一则小故事说的是"天堂与地狱"的区别。一个人问上帝：天堂与地狱的区别是什么？上帝领着他到地狱去看，许许多多的人围着一张大桌子，桌子上摆满了食物，每个人都有一双超长的筷子。每个人都拼命地想夹菜，可是因为筷子太长了，怎么都夹不到自己的嘴里。所以，这里的人个个面黄肌瘦、愁眉苦脸。上帝又领着他到天堂去看，也是许多人围着餐桌而坐的场景，唯一不同的是这里的人个个满面红光、兴高采烈。原来，这里的人都在用长筷子互相夹菜，长筷子夹不到自己嘴里，可以夹到别人的嘴里。这个小故事的寓意是人们之间应该有"互助与合作"的精神。合作是构建一切文明的基础。单打独斗注定其进不深，其行不远。美好的合作关系是人类文化繁荣与社会发展的基石。

合作对于学习与阅读的作用同等重要。在《现代汉语词典（第7版）》中，"合作"的释义为"互相配合做某事或共同完成某项任务"。阅读的本质在于"合作"，是学生、教师、文本之间合作对话、交流互动、生成意义的过程。有合作的阅读指的是学生在教师的引导下自主阅读，并通过师生、文本、作者之间的质疑问难、解疑释惑进行充分的对话，从而促进深度理解、建构意义、获得审美体验等。

合作学习的意义在于合作能产生 1+1＞2 的力量。《礼记·学记》说："独学而无友，则孤陋而寡闻。"孔子说："三人行，必有我师焉。"这说明一个人的学习力量是单薄的，必须重视众人的力量与智慧。美国著名教育评论家埃利斯曾指出，如果要他举出一项真正符合"改革"这一术语的教育举措，那么合作学习无疑是一个典范。合作学习建立在坚实的理论基础之上，如果它不是当代最伟大的教育改革，至少也是其中最重要的教育改革之一。

合作能力的培养是核心素养培养的重要因素之一。人类是一个命运共同体，没有一个人是孤岛。社会性是人的本质属性，人与人之间的合作精神尤为重要。联合国教科文组织发布的《反思教育：向"全球共同利益"的理念转变？》中提出，我们应将全人类视为一棵树，而我们就是一片片树叶。离开这棵树，离开他人，我们便无法生存。《中国学生发展核心素养》中提出，"社会参与"就是强调学会共同生活、共同发展，明确规定"具有团队意识和互助精神"。《义务教育课程方案（2022年版）》中提出，"学会交往，善于沟通，具有基本的合作能力、团队精神""团结友爱""铸牢中华民族共同体意识""提高自主、合作和探究学习能力"。

合作能力在阅读及阅读策略的教学中起着重要的作用。良好的合作能促进学科阅读能力的提升。美国教育心理学家理查德·E.梅耶经过研究发现，在回顾课程、技术和专业发展方面的各种创新研究时，对于小学和中学的阅读和数学教学而言，某些形式的合作学习位列最有效的教学策略之中。良好的合作方法不仅能够显著提升教学效果，还能极大地促进其他阅读策略的培养。一些研究表明，缺乏同伴交流或小组合作等讨论活动的阅读策略教学对学生阅读能力的影响很小。

合作学习理论的代表人物约翰逊兄弟认为，在合作学习中，个体之间的促进性互动对于学生的学习有诸多重要影响，主要包括五个方面：第一，相互提供帮助和支持。第二，相互交换所需的资源。第三，互相提供反馈。第四，挑战和争论。第五，激发学习的成就动机。

美国学者迪伦·威廉博士指出，高参与度的课堂环境对学生的学习成绩似乎有显著影响。一项在四年级的7个班中实施的名为"共同思考"的涉及191名学生的研究项目，要求教师制订一个为期12课时的计划，旨在提升学生的语言能力，并帮助他们学会与其他学生合作，共同运用数学和科学工具进行思考。研究人员发现，这些学生在教师自己编制的测验和标准化科学成就测验中的表现都优于处于同一学校的对照组。更令人惊讶的是,这些学生在瑞文渐进矩阵测试(一项纯粹的空间智力测试)中的表现也优于对照组。参与课堂讨论确实能让学生变得更聪明。

基于此,我们强调合作式阅读。通过合作式阅读可以更好地获得知识、审美体验、思维发展等。在实际教学中,我们都会根据情况引导学生在适当的时机进行合作阅读。

在阅读过程中,如何有效地运用合作式阅读策略提高阅读质量呢?

1. 通过合作式阅读达到"深度质疑问难"。

积极主动的阅读者善于对文本不断追问、不断思考,而思考的深度与难度则反映了阅读者的阅读质量。在阅读文本的过程中,每个人的知识背景、生活经验、生命体验都各不相同,对文本的理解程度、关注点、兴趣点与疑难点也不相同。"因为不同,所以碰撞;因为碰撞,所以凝重。"思考是一个由浅入深的过程,而在这个过程中也需要通过交流来发掘每个阅读者思考的深度。王充在《论衡》中说:"涉浅水者见虾,其颇深者察鱼鳖,其尤甚者观蛟龙。足行迹殊,故所见之物异也。"

初读时,大家集中于对文本内容的理解,提出的问题相对而言层次比较浅,此时的交流互动可以让学生解决浅层次的问题。在精读时,学生在第一次粗读的基础上提出了更深入的问题,问题可能涉及对文本观点的判断,此时,交流往往可以产生高质量的问题。然而,在精读的基础上的研读,一般是指向关联、指向运用的,此时进行合作交流,学生提的问题更加开放与多元,品质也更高。

比如,在学习统编版小学语文一年上册《猴子捞月亮》这一文章时,让小朋友们试着提问:猴子在什么时候玩?猴子为什么要在井边玩?猴子在玩什么?猴子为什么那么听老猴子的话?……小朋友们在老师的引导以及他们的合作阅读与交流过程中,渐渐提出更有质量的问题:树上的树枝断了,猴子们掉到井里会发生什么事?为什么课文是按小猴子、猴子、老猴子的顺序来写的?……

再如，胡依奇、王圣昌、章勤琼在《依托历史文化素材 培养数学阅读能力——"五音不全"教学实践与思考》中指出，数学阅读是用数学思维理解数学信息，领会数学文化的心理过程。首先，以数学的方式解读材料，围绕数学问题获取基本信息；其次，对多种数学信息进行筛选、甄别，提取关键信息；最后，以数学思维为基础，对数学信息进行关联并做出相关决策，领略数学文化。字符编码、语言转译和综合理解是数学阅读的核心要素。在数学阅读过程中形成的数学阅读能力包含语言互译能力、信息综合能力和推理应用能力。他们在小学数学拓展课"五音不全"一课的教学片段如下：

出示阅读材料一（五声音阶分别为"宫、商、角、徵、羽"。古时管仲发现：材质相同的弦越长，音高就越低。"宫"是基本音，经过几次"三分损益"，就会产生其他四个音阶，这个方法就是"三分损益法"），让学生阅读。

师：读完这段材料，请先小组讨论一下，然后提出问题。

问题1：数学和五声音阶有什么关系？

问题2：为什么要以"宫"为基本音？

问题3："三分损益法"是什么？

问题4：其他四个音阶是如何产生的？

问题5：音阶之间的进率是多少？在这几个问题中，哪些是数学问题？

生：问题2不是数学问题，这应该是人们的规定。

生：问题3、4、5都是数学问题，它们都与五音的变化有关，应该可以用数学方法计算。这三个问题解决了，问题1也就解决了。

师：那问题3、4、5中，哪一个是要首先解决的？

生：首先要解决问题3。材料中说，经过"三分损益"产生别的音，得先知道什么是"三分损益"。

师:好,怎么理解"三分损益"?

生:我认为要一个字一个字地解释。"损"是损失,"益"是获益,三分可能是三分钱?

师:其实,"损"是减,"益"是加。"三分"又是什么呢?

以上教学片段先出示阅读材料让学生阅读并共同讨论,在此基础上提出问题,师生再对问题进行共同讨论,归纳、提炼出最有价值的问题,再进行合作式阅读与探究。可以说,合作贯穿师生阅读、思考与交流的整个过程。

2.通过合作式阅读达到"疑义相与析"。

在阅读过程中,阅读者不断地产生困惑与问题,困惑与问题越积越多,进而影响对文本的理解,阻碍后续的阅读,也会影响持续阅读的兴趣与积极性。这时,分享交流互动尤其重要,因为"交流生智慧,分享聚思想"。

比如,李丽芳老师在统编版小学语文一年级下册《吃水不忘挖井人》一课的教学中,在简单理解课文最后一个自然段时,有名学生冷不丁地问道:"为什么课文中是用吃水,'吃水不忘挖井人',而不用喝水,'喝水不忘挖井人'呢?在一年级上册里明明是乌鸦'喝水'呀?"李老师说:"这个问题很有价值啊!"接着她引导学生进行小组讨论。在交流时,有的学生认为,乌鸦喝水是乌鸦口渴了,水是直接喝下去的,所以用"喝"。老师问:"那我们打水难道不是为了喝吗?"有的学生说可以喝,有的学生说可以洗衣服,有的学生说可以洗菜……终于有名学生站起来说:"我明白了,这里的'吃水'就是'用水'的意思。'用水'与'喝水'是不一样的。"这就是在合作阅读中不断地思考问题、解决问题,让学生体会到深度阅读与合作学习的魅力。

在辨析疑义时,合作阅读可以采用四人小组辩论的方式进行。其基本步骤是:(1)组内分两队,每队各两人,每队选择正方或反方观点,并认真阅读做好准备。(2)每队提出自己的观点及理由。(3)双方进行辩论。(4)两队交换立场再次辩论。(5)四人小组整合思考,得出更全面、完整的符合逻辑与事实的结论。

  合作式阅读倡导不同的阅读者从不同的角度来思考与审视文本,从而形成阅读理解的"多声部合奏"。英国作家钱伯斯认为,文本的意义不止一个,不同的读者在不同的时空背景下,对文本的解读当然会有不同。所以,他在《打造儿童阅读环境》一书中极力倡导"合作式阅读"。具体做法是:请阅读者读后"说来听听",即真心地想倾听读者的喜好、感受、思考、见解以及一切想说的。其基本模式是"三种分享"(分享热情、分享困惑、分享关联性)与"四种表达"(说给自己听、说给别人听、大家一起来发言、聊出新想法)。这种合作式阅读,不仅能汇集每个人对文本的理解,而且讨论本身通常也能激荡出新的火花,深化我们对文本的认知,这是一个获得征服未知领域体验的过程。因为深入参与共同讨论,我们得以体会文本丰富多元的样貌。合作式阅读就是尊重每一个阅读者弥足珍贵的阅读体验与收获,同时通过交流互动、合作集思广益,使每个阅读者的认知与思考更丰富、更深刻。

第五节　有挑战的阅读

一、什么是有挑战的阅读

当代作家王蒙先生在谈到他的读书生活时，提到了"加码"读书、"超前"读书。他提到，无论是年轻时还是后来，他养成了一个习惯：只要一本书他能理解30%到40%的内容，他就一定会去阅读。读完一遍后，他的理解程度通常能提升到50%到60%。若再反复研读，他几乎能掌握80%到90%的内容，有时甚至能完全读懂。

王蒙先生所说的这种阅读就是一种"有挑战"的阅读。在《现代汉语词典（第7版）》中"挑战"的释义为"故意激怒敌人，使敌人出来打仗""鼓动对方跟自己竞赛""激励自己主动跟困难等做斗争""指需要应付、处理的局面或难题"。在日常生活中，我们常用"勇于挑战""迎接挑战""挑战他人，挑战自我"来表达。这里的"挑战"指的是面对强大的对手或巨大的困难，不退缩，不妥协，勇于努力奋斗，去战胜种种艰难险阻。有挑战的阅读是指阅读者需充分调用自身知识、情感、思维和策略等，超越原有认知水平，以获取更深层次的理解，并解决难题或完成复杂任务的过程。

二、为什么要强调有挑战的阅读

（一）人的成长需要不断挑战

个体生命的成长都是在不断地遭遇问题与困难，不断地努力解决问题与克服困难，在与问题、困难的搏斗中实现的。阅读是个体成长的重要活动与路径，它也遵循着这样一个规律——要成长，必经磨难。美国心理学家米哈里提出了"心流体验"的概念，他认为当人们从事某一活动时全情投入、全神贯注，就会获得忘记时间、忘记自我的兴奋感、充实感与幸福感；而获得这种内在的"心流体验"的前提就是从事具有挑战性的工作或活动。

（二）教育就是经历挑战获得成长的过程

在教育教学活动中，如果一切都是一帆风顺的，毫无波折与困难，那么学生很难获得深远的发展。换句话说，没有思维的挑战、没有情感的波动、没有艰难的探索，就不可能有真正的教育。格鲁吉亚儿童心理学家阿莫纳什维利在《孩子们，你们好！》中提出，以发展为目标的教学要求教材有一定的难度。儿童所能克服的困难，视为其发展的必要条件和源泉。发展是在儿童体力与心理能力达到极限并发挥作用的过程中实现的，这一极限正是通过克服困难而得以拓展。所以，阿莫纳什维利认为，发展就是困难被克服。

（三）阅读的本质就是一种对思维的挑战

阅读不是亦步亦趋地、简单地接受，而是深度对话与创造性思考的过程。《义务教育语文课程标准（2022年版）》中提出，"引导学生成长为主动的阅读者、积极的分享者和有创意的表达者"。主动、积极、有创意的阅读就是挑战文本、挑战自我、挑战思想的过程。清朝康熙年间的李光地说："人于书有一见便晓者，天下之弃材也。……读书从勤苦中得些滋味，自然不肯放下。往往见人家子弟，一见便晓，多无成就。"简言之，如果阅读一望而知，阅读没有带来新的认知与挑战，那么，阅读就没有真正发生。

三、如何进行有挑战的阅读

人生是苦乐相伴的，没有苦就无所谓乐。学习也是苦乐相伴的。对于学习与阅读的快乐，我们不能简单与肤浅地理解。它不是时时刻刻都是欢歌笑语，它需要努力、毅力和思维的"搏斗"，而这种智力搏斗的过程会让人产生一种深刻的、幸福的"心流体验"。朱永新教授提出,在强调快乐阅读的同时,也要关注有难度的阅读挑战。在儿童阅读的起步阶段,多谈些"兴趣""快乐"是没问题的,但过度强调或一直强调,则易使学生倾向于读简单的书,稍有难度就放弃。正是这种原因,不少小学生到毕业之时,还是以阅读图画书和漫画书为主,迟迟不能读文字书。

可以这样说,没有挑战就没有真正的阅读,没有挑战就没有深度的学习,没有挑战就没有真实的发展,没有挑战就没有"质的飞跃"与成长。许多学生在日常阅读与课堂学习中没有获得经常性的、适当强度的思维挑战,所以他们的阅读与学习往往缺乏发自内心的喜悦,往往缺乏真切的收获。阅读中真正的"兴趣"与"快乐"来自"攻坚克难",来自在阅读中"挑战文本""挑战自我"而获得的"超越文本""超越自我"的思想快乐与尊严。那么,怎么才能让学生的阅读与学习充满智慧的挑战与思想的"冲刺"呢?

(一)阅读材料要有挑战性

这里是指阅读材料不能是学生熟知的"内容、结构、表达、知识、情感或思想",而是略高于学生原有知识水平、阅读能力的材料。比如,有些知识涉及大多数学生不常接触的领域或其中有些令学生难以理解的词汇等。有些学生习惯于阅读某一种类、某一领域、某一体裁的阅读材料,对其他材料则是一掠而过,久而久之就会形成对某种类型阅读的"路径依赖",而在其他类型的阅读上则知之甚少或阅读能力低下。基于此,我们要强调有意识地引导学生选择多样化的阅读材料,学会挑战"新知"与"未知"。

比如,统编版小学语文三年级上册第六单元,其单元阅读要素训练的重点是"借助关键语句理解一段话的意思"。单元选文中,各个自然段的中心句基本上在"段首"或"段尾"。教师让学生"通过关键词理解一段话的意思"时,学生会自然而然地去找"首尾句"。为了打破学生阅读的思维定式,让学生进行阅读挑战,曾亚宝老师出示了一段话,让学生找关键语句,理解这段话的意思。

村子里有几十种树木,最多的是白杨、柳树和槐树。英俊挺拔的白杨,整齐地排列在大道两旁,好像威武的士兵。柳树像长辫子姑娘站在河岸上。它弯着身子,低着头,好像在欣赏自己映在水里的身影。槐树零零散散,站在各家各户的门前,好像在给主人看守住宅。

茂密的树林不但美化了村庄,还给孩子们提供了玩具。春天,杨树开花了,拾两穗杨树的花,塞在鼻孔里,就可以装扮成古装戏剧中的丑角。那样子真逗人笑。不然,过路的人为什么会望着他们发笑呢?柳树醒过来了,从它身上摘下一节嫩条,拧松绿皮,抽出里边的硬杆,便成为一支柳笛。

学生想当然地找到了首句,认为这句是写"树多",有些学生找到的是写"树美"的句子。接着老师引导学生独立理解每一句话的意思,最后发现"茂密的树林不但美化了村庄,还给孩子们提供了玩具"才是这段话的关键语句,即"中心句",从而打破了对于"关键语句"一般在"首尾"的思维定式,使学生明白了"关键语句"也可能在"中间",作为"过渡句",发挥承上启下的作用。

有挑战的阅读还包括阅读材料要具有丰富性与多样性。在日常的阅读观察中,我们经常见到不少学生对某一类型的作品、某一领域的学科作品、某一作者的作品读得津津有味,一本接一本地读下去,换其他作品则觉得索然乏味,难以阅读。一些教师认为,这种阅读从方法与策略上来说,可以算是一种"专题式"的阅读,这些学生是成功阅读的典范。然而,细细分析,这种类型的读者的所有阅读都停留在"熟悉的舒适区",每一次的阅读都很少有新的感受、体验、思考及挑战,这也就意味着每一次的阅读几乎都在"平面上滑行",没有真正的提升与发展。按英国作家钱伯斯的说法:针对特定类型读物、特定作家进行持续的重复阅读,是一种井底蛙式的阅读，读者永远不会知道（更糟的是，他们根本不想知道）井外世界的宽阔与多姿多彩。井底蛙型的读者安于现状，拒绝任何形式的探索；他们担心走出井底就是世界尽头，怕摔个粉身碎骨。重复式阅读，因为停留在"舒适区"，所以造成阅读思维的停滞不前。在全学科阅读中，我们倡导通过多样性的阅读获得力量与挑战。

（二）阅读策略的综合、灵活运用要有挑战性

单纯一种阅读策略的学习、掌握与运用相对来说比较简单，它的条件、情境、程序在熟悉与操练之后会比较明确，复制性比较强；需要多种阅读策略的综合运用的阅读任务，则会比较复杂，具有一定的挑战性。在真实任务情境下的阅读，基本上都需要综合运用多种阅读策略才能应对复杂的问题和任务，所以，对多种阅读策略的综合、灵活运用的学习是阅读策略转化为阅读素养至关重要的一个环节。这样的学习任务及过程本身就具有一定的难度与挑战。

比如，统编版小学语文教材，在一、二年级学习"联系生活""联系上下文""结合插图""查字典"等理解词语意思的方法的基础上，三年级上册第二单元再次学习"运用多种方法理解难懂的词语"这一主题。那么，这一学习目标与任务对于学生的挑战就在于综合、灵活运用的方法来理解难懂词语的意思。教师要对语文要素进行推敲与细化，比如"理解难懂的词语"指的是什么，一般是指向意思。教师要厘清学生难懂的是哪些词语，以及为什么难懂，并针对难懂的原因及类型采用有针对性的理解策略。在日常学习中如何有效地提高词语理解能力？三年级上册第二单元选编的课文中有不少词语，如"秋分、迁徙、蓟类植物、巢穴、候鸟、生物钟、启程"等，对三年级的学生来说是难以理解的。这些词语不能仅用一种方法来学习，而必须运用综合性的方法来学习。例如，《秋天的雨》中"五彩缤纷"（教材用"泡泡"提示了理解的基本方法，即联系下文）是在原文的"秋天的雨，有一盒五彩缤纷的颜料"这一句中。那么，理解"五彩缤纷"

的策略与步骤为：（1）从词语附近找到提示。从"一盒颜料"想到有各种各样的颜色。（2）从本段中找到相关的提示。各种表示颜色的词语或句子，如"黄色""红色""金黄色""橙红色""菊花仙子得到的颜色就更多了，紫红的、淡黄的、雪白的……"。（3）联系生活进行确认。联系对秋天的观察与印象。（4）比较与联系。"色彩"是重复出现的高频词。这样的过程就是综合运用多种方法来理解，它比单一方法的理解更复杂、更具有挑战性。

（三）要完成的任务或解决的问题有挑战性

不少学生读了不少书，但思维没有因此而有多大的提升与发展，其主要原因在于阅读要完成的任务或解决的问题缺乏适当的思维含量。没有适度的思维运动不仅会让阅读活动变得乏味无趣，而且会让思维变得苍白乏力。所以，钟启泉教授在《解码教育》一书中写道，国际教育界有学者提出了"锻炼'思考体力'"的命题，意思是说，要像锻炼"运动体力"那样去锻炼脑力，才能持续地展开有效的思考。从文本的层次上来看，一个文本一般含有三个层次：第一层是语义层，第二层是内容层，第三层是意义层。在学生学习与阅读过程中，大多数阅读任务或问题处于第一层、第二层，第三层相对比较少。反思学生阅读的状况，基本上处于浅阅读状态，缺乏挑战性阅读，在阅读中较少触及更高级的思维、更深层的文本核心。

四川大学教育学院李松林教授在做主题为"高质量的学科问题设计：妙+活+合"讲座时，提出了学科阅读中的三种层次的问题或任务的设置：一、习题式问题：（1）《天鹅、大虾和梭鱼》这则寓言的故事和道理是什么？（2）"可能性"——分别在三个盒子里面放入6个黑球、3个黑球和3个红球、6个红球，请问一次抽中红球的情况是必定、有可能还是不可能？（3）"孤独之旅"——如何通过对人物形象的把握来读懂小说的主题思想？二、课题式问题：（1）《天鹅、大虾和梭鱼》这则寓言故事中的天鹅、大虾和梭鱼使尽了力气，为何这辆马车还是分毫未动？（2）"可能性"——分别在三个盒子里面放入 6 个黑球、3 个黑球和 3 个红球、6 个红球,请问在哪个盒子里一次抽中红球的可能性最大?(3)"孤独之旅"——杜小康是如何从恐惧孤独到战胜孤独,走向成熟的?三、项目式问题:(1)"天鹅、大虾和梭鱼"——如果你是领队,如何指挥天鹅、大虾和梭鱼成功地拉动马车?(2)"可能性"——红旗超市为了促销,拿出 1000 元来搞抽奖活动,并设置一等奖 3 个(每个 200 元)、二等奖 6 个(每个 50 元)和三等奖 10 个(每个 10 元),如何才能设置出具有吸引力的抽奖活动?(3)"孤独之旅"——如何将杜小康的孤独之旅形象简洁地描绘出来?

由此我们就可以看出哪种类型的问题和任务更具有开放性、创造性与挑战性。通过"项目式问题",使简单的问答化为统整文本与生活经验并解决实际问题的任务,使"习题"转化为富有思维深度的智力冲浪活动。

第六节　有反馈的阅读

一、什么是有反馈的阅读

在阿莫纳什维利的课堂中，我们可以发现这样的场景：一年级的吉维向全班有表情地朗诵一首诗，但有错误。

师：对吉维的朗诵，你们有什么意见？

生A：吉维朗诵得有感情。

生B：他发音清楚有力。

生C：我喜欢听吉维朗诵。

师：我同意你们的意见。吉维能出色地朗诵。你们对他有什么期待吗？

生D：在朗诵中有一点错误，看来，他还没有背熟。

生E：在朗诵中出现"哎、哎、哎"的音，这是他在想诗中的句子。

生F：我希望他把诗背出来，明天再朗诵给我们听。

师：吉维，你自己有什么意见？

吉维：同学们说得很对，我没有把诗背熟……明天我一定能背出来！

师：当然啦，你一定能做到的！

阿莫纳什维利这一课堂片段充分体现了有反馈的学习与阅读。"反馈"在《现代汉语词典（第7版）》中的一个释义为"（信息、反映等）返回"。在教育教学中，"反馈"是指在教学过程中师生通过各种方式、媒介及途径即时了解学生的学习情况（包括学习的现有水平、兴趣、问题、原因及对策），并据此调整教与学的行为与策略以达到最优化的效果的活动过程。有反馈的阅读指的是：在阅读过程中，师生通过各种方式、媒介及途径即时了解学生阅读的情况（包括阅读的现有水平、兴趣、问题、原因及对策），并据此调整阅读的行为与策略以达到最优化的阅读效果的活动过程。这里所指的有反馈的阅读，有别于以往将"反馈"视为"简单的对错评判"或"提供正确答案"的做法，有别于教师反馈，而是强调过程理解（理解对错、对错的原因、思维的过程、调整的方法策略等），强调反馈的多主体性，等等。

二、为什么要强调有反馈的阅读

有一位校长请我去观摩一节数学课，是一位30多岁的老师讲授的《10的认识》。老师素质相当好，创设了很多小朋友们特别喜欢的情境。听课老师都赞叹这位老师的上课状态。我对她的教学环节进行了记录：7个环节中，只有一个环节是让学生用"摆小棒"来操作完成"10的分成"。而这一个环节中，又约有3分钟的时间是让同桌之间一个负责操作，另一个负责记录；而更多的时候，她则在呈现学习任务或创设学习情境，在同一个学习任务中她会一下子请五六名学生来回答并点评（整节课下来，全班学生被点名回答的人次还是比较多的）。这就意味着学生基本上一直处于集体性学习状态。这种状态最容易造成陪读、陪看、陪想、陪说的"滥竽充数""浑水摸鱼"的现象，大部分学生没有真正的、充分自主的学习时空，学习得不到有效反馈。如此，学习效果一定不会那么理想。课后和校长的交流证实了我的推断，这位老师带的班级学生的学业成绩并不理想。其主要问题在于课堂学习中大部分时间与环节，学生是处于集体性学习的状态，缺乏真正充分自主的学习经历，尤其重要的是，大部分学生的学习过程是无法得到有效反馈的。所以，这种课堂学习效果对于师生而言是不显著的。

因为缺乏有效的、针对性的阅读（学习）过程及结果反馈，学生的学习与阅读处于"盲盒状态"，其结果往往比较低效甚至是无效的。有反馈的阅读，其意义是多方面的，主要表现在以下几个方面。

（一）有反馈的阅读能促进师生的互动

阅读与课堂教学是围绕"伟大的事物"而进行的对话。这种对话一定是心灵的你问我答、你呼我应、山鸣谷应、金声玉应。否则，课堂中的阅读就会如沙漠一般荒芜与寂寞。

例如，在一节二年级的语文课上，老师带领学生阅读《小蝌蚪找妈妈》这篇课文。阅读过程中，老师鼓励学生提出自己的问题或想法。当一名学生好奇地问："小蝌蚪为什么一开始认不出自己的妈妈呢？"老师没有急于解答，而是转向全班同学，引导他们再次仔细阅读相关段落，并分组讨论。学生纷纷发言，有的从文中找到了描述小蝌蚪和妈妈外形不同的句子，有的则结合自己的生活经验，谈到了成长过程中的变化。老师在学生讨论后，给予了及时的反馈和总结，解释了小蝌蚪认母过程中的认知变化，也表扬了学生善于观察和思考的学习态度。这样的互动不仅让学生对课文有了更深的理解，也让他们在阅读中感受到了乐趣和成就感，从而更加喜欢阅读，提高了语文学习的兴趣和效果。

（二）有反馈的阅读能让学生的阅读过程、阅读方法、阅读效果看得见

阅读反馈的一个重要使命就在于让学生自始至终对自己的学习进行监控，以便养成学习责任感，形成对自己的学习规划及责任的意识。学习是一个与历史、社会、他人及自己对话的过程，而归根结底还是与自己对话的过程。从哲学意义上来讲，每一次的阅读就是在一次次多重对话中寻找自己、发现自己、重塑自己的过程。所以，每一次的反馈都是对自我的镜照与反思。反馈要伴随着阅读及生命成长的全过程。

（三）有反馈的阅读能激发、促进、引导学生持续不断地学习与阅读

学生不断地获得阅读的反馈，对自己的阅读过程了如指掌，就可以不断地调整阅读策略，形成良好的学习状态。这就是在运用"元认知学习"

策略。相对来说，原先的教学反馈是封闭式的，仅仅着眼于阶段性评价，而且这种评价与反馈的方式基本上是以一次性的纸笔考试的方式来呈现的。从课堂教学来看，这样的反馈往往是滞后的，无法随时、随地、随机地呈现出学生的阅读过程，包括阅读起点、阅读方法、阅读效果、阅读态度等，自然也就无法随着"反馈"的情况调整学生的阅读状态。

许多教学活动仅仅关注"学习结果返回"，即关注"结果性"的反馈，而我们更强调的是过程性的反馈，即反馈要渗透、贯穿于阅读的全过程，尤其不能忽视教学中间环节的反馈。因为阅读是渐进的、链条性与系统性的过程，如果对于中间环节缺乏反馈就可能造成阅读过程的断裂，知识结构难以形成，能力无法养成。如此一来，就可能前功尽弃、劳而无功。

三、如何进行有反馈的阅读

要想提升阅读质量，必须改进阅读反馈。威伦和哈奇森在《有效教学决策》中提出，有效反馈包括三个对学习者而言非常重要的部分：一是活动的标准；二是学生朝向标准所取得的进步；三是需要采取的矫正程序、满足标准或目标所需要的额外教学反馈。

据此，我们要厘清阅读反馈过程中存在的问题，寻求阅读反馈的改善之道。

（一）强化反馈的必要性策略

阅读反馈的缺乏意味着课堂教学是教师的一种单向传输，阅读过程是读者的单向行动。我们强调增强阅读与教学的"对话性""互动性"，让师生在对话与互动中不断地多层次、多网络、多角度地相互"反馈"。另外，在阅读教学中我们倡导"小环节，小反馈；大环节，大反馈；有教学，必反馈"。在教学设计时就要对每个环节的反馈在时间、形式与内容上进行相应的预设，从而保证落实"教学即反馈""阅读即反馈"的理念。

(二)强化反馈的目标性策略

《庄子》中说道:"大人之教,若形之于影,声之于响。有问而应之,尽其所怀,为天下配。"其中也蕴含着教与学的互相回应与反馈的道理。其中,"若形之于影,声之于响"可以理解为阅读中教与学反馈的目标的匹配与对称。强化反馈的目标性策略,在于在教与学的过程中,师生都要有明确的目标意识,同时,教师要对阅读教学设计进行"逆运算",就是在确定教学目标之后,针对目标设计相应的"反馈"练习及活动,然后考虑教学方法及媒介的运用。

(三)强化反馈的标准性策略

如果目标是阅读的方向,那么,标准是学习的阶梯与努力的方向。有目标但缺乏具体且可操作的标准的学习,固然能给学生提供一定的阅读方向,但还是显得大而泛。标准对于学习的意义,可以说是"导航仪"。明确阅读目标具有如下作用:一是可以引导学生锁定目标,循序渐进,拾级而上;二是可以引导学生自我反馈与评价、互相反馈与评价;三是师生可以围绕共同的层级标准分级前进,不懈努力。这正是阿莫纳什维利所阐述的"实质性评价",它指的是将学生在学习和认知活动过程中的进展或成果,与原先设定的学习任务目标进行对比分析的过程。这一过程旨在明确了解学生在完成学习任务方面的进展情况,并据此来决定和接受下一步的学习与认知任务。

如有位老师在课堂上设立关于"阅读""思考""表达"三个维度的评价标准。老师没有细化评价标准,而是凭感觉说:第三组的同学阅读得很认真,加一颗星;第一组的同学思考得很投入,加两颗星;第五组的同学表达得很清晰,加三颗星……教学进行到最后环节,教师引导学生进行自评,说说这节课想给自己打几分。有的同学说打 10 分,有的同学说打 9.5 分……这看起来是引导学生自我评价与反馈,但是,因为缺乏细化且可操作的评价标准,整个评价过程显得随心所欲。在学习过程中要建构一定的标准,让学生可以自我评价与反馈,学生之间可以互相评价与反馈。比如,用自己的话来复述故事,一开始就要建构一个标准,如声音响亮得 1 分、态度大方得 1 分、故事完整得 1 分、能用自己的话说得 1 分、详略得当得 1 分、生动有趣得 1 分等。学生可以根据这个标准,进行自主训练、自我评价。在此基础上,同桌之间对练互评。之后,老师请一名学生在全班展示交流,引导全班学生进行针对标准的评议。

(四)强化反馈的全面性策略

日本教育学家佐藤学先生提出,学校和教师的责任并不在于"上好课",而在于保障每个学生的学习权。课堂上反馈随心所欲或反馈忽视了后进生,都是对每个学生学习权的漠视。全面性反馈的意义在于通过反馈促进每个学生积极主动地参与学习活动。在课堂教学的反馈中,教师要追问:每次反馈要针对哪一类的学生(后进生、中等生、优秀生)进行?应该针对哪一类学生的哪一种问题来进行反馈?……特别是在课堂教学反馈中,要关注"不懂的学生"和"学生的不懂"。

(五)强化反馈的调整性策略

阅读反馈并非仅仅是阅读答案、所遇困难、原因分析及调整策略等信息的单向传递,而是一个"信息接收—反馈生成—策略调整"的完整过程。也就是说,反馈不单单是"信息的交互",更重要的是从"信息交互"中产生并进行新的行动,即对原有的方法、策略、行动进行调整与改进。知道"在哪里""去哪里""怎么去"是不够的,还要付诸行动,否则这种反馈就是"光说不练假把式"。

迪伦·威廉博士曾引用过一个研究案例。研究人员将 80 名加拿大学生分成三组,在音乐课上学习写主要音阶。其中,第一组学生得到了书面反馈、弱点清单和工作计划;第二组学生获得了针对他们所犯错误性质的即时口头反馈,并有机会在课堂上改进;第三组没有得到任何反馈。这三组学生在先前的音乐成绩、音乐天赋测试和学习能力测试分数方面并无差异。所有小组都没有达到这项任务设定的80%的掌握水平，但是第二组的学生，即得到口头反馈的学生，得分显著高于其他两组学生（这两组学生的分数没有显著差异）。因为第二组与第一组的应对方法有三个方面的差异，所以无法确定是什么造成了这种差异。然而，研究人员基于自身观察提出，相较于反馈是采取口头还是书面形式，第二组学生在课堂上被赋予时间利用反馈来优化其学习这一事实，显得更为关键和重要。

这里比较重要的是什么呢？如果反馈仅仅是教师的行为，那么所有的"反馈"还是"有去无回"，都将如石入大海，毫无回应。反馈不仅是教师的行为，更重要的是回到"学生"身上，改进学生的学习，这样学习才会真正发生。虽然第一组得到书面反馈、弱点清单和工作计划，但是，研究者没能监控学生的下一步行动；而第二组在获得反馈后则可以立即调整与改正学生的表现与行为。

（六）强化反馈的自主性策略

阅读归根结底是自我生命的改造与提升，其最深刻的影响必定是来自内在与自我的。外在的教学与评价（反馈）是为了促进内在的自我反馈、自我评价的形成。只有这样，评价（反馈）才能促进自主学习、自我改进、自我发展。罗杰斯在总结有效的、有意义的学习经验时提出了10条建议，其中两条是：（1）当自我批评和自我评价处于首要地位，而他人评价居于次要地位时，独立性、创造性和自主性就容易发展。（2）最有用的学习是了解学习过程。我们强调在教学过程中引导学生进行自我评价、自我反思、自我改进，尤其重要的是，提倡每节课有2~3分钟的"反思性学习"环节，引导学生对本节课的学习目标、过程、方法、问题等进行自我反思与反馈。

通过反馈机制，学生能够清晰地认识到自己的学习成效，明确自己在哪些方面取得了进步，哪些方面存在不足，从而制定出相应的补救措施和改进方向。同时，教师也能根据这些反馈信息，全面了解学生的学习与阅读状况，进而做出更加精准的教学决策，进行深入的教学反思，并据此不断改进教学方法和策略。美国研究者约翰·凯蒂在综合分析了800多项研究成果后得出结论：提升成绩最为有效的改进手段之一，在于优化反馈机制。若要改善教育质量，一个最直接且有效的"药方"便是增加并改善"反馈的剂量"。我们要让课堂教学及阅读质量看得见，首先要及时反馈，其次要针对课堂及阅读反馈中存在的问题，有的放矢地加以调整，让每个学生学会自我反馈，从而真正实现自主的、有效的、持续的、创造性的学习与阅读。

第六章

全学科阅读的通识策略指导

对于阅读策略与方法，我们说得最多的、听得最多的就是"读书百遍，其义自见""读书破万卷，下笔如有神""书山有路勤为径，学海无涯苦作舟"……我们的阅读能力、深度阅读理解能力有没有因此得到提升与发展呢？首先，我们不禁要质疑："读书百遍，其义自见"这一说法真的成立吗？或许，更多时候，我们的阅读体验更像是："一片两片三四片，五六七八九十片，千片万片无数片，飞入梅花都不见。"也就是说，没有方法、没有策略，无论读多少遍可能仍然是小和尚念经——一无所知。每读一遍要有一遍的目的，每读一遍要有一遍的方法，否则，就算"读你千遍万遍也不厌倦"，可能它的内在含义还是看不见。再说"读书破万卷，下笔如有神"，为什么有些人读了不少书，读到最后成了书呆子，叫他讲课讲不成，叫他写作写不了，只是"两脚书橱"。我们细细分析这句诗，首先是，读的是什么？是有营养、有价值的还是没营养、没价值的？其次是，怎么读？另外，"读书破万卷"之后怎么才能转化为"下笔如有神"？大家都认为"读"就是输入，"写"就是输出，"读"自然而然会转化为"写"。这既是不可能的，也是不科学的。读、写之间还需要转化，怎么转化，这些就涉及阅读的策略与方法。

朱永新教授指出，大家开始重视阅读了，但是，对于大众而言，读什么书、怎么读、用什么方法来读，都是还没有解决的问题。大众并没有找到好的阅读路径和方法。目前，也有一些人充分意识到阅读策略与方法的重要性，也尝试着提炼及运用各种策略与方法，问题是，这些策略与方法的普适性、可操作性、实用性都不强。古今中外，不少学者都关注阅读策略与方法，他们归纳与倡导各种各样的阅读策略与方法。然而，每个人的阅读策略与方法具有鲜明的个人特点与个性色彩，他人很难直接借用。我们需要突破丰富多彩、异样纷呈的阅读策略与方法的表面形态，探寻这些阅读策略与方法的共同要素与内在心理机制，只有这样才能发现高质量阅读的规律与奥秘，才能引导阅读者更快、更好地学会高质量阅读并找到属于自己的高质量阅读的策略与方法。教育部等八部门印发的《全国青少年学生读书行动实施方案》中提出，要加强学生阅读指导，建立健全学生阅读指导机制，开好阅读指导课，定期举办学生阅读指导活动，帮助学生掌握科学阅读方法。研究表明，许多阅读规则和策略，尤其是高层次的规则和策略，学生很难自己发现。所以，一味推崇"多读多写"，是不负责任的说法或做法。依据语篇类型的不同，阅读方法主要依赖于第二条学习路径（第一条路径是自读自悟，第二条路径是在外力帮助下进行的有指导的阅读实践）。

英国诗人柯勒律治将阅读分为四种类型：第一种是沙漏型，即注入沙子后都漏掉，一点儿痕迹也没留下；第二种是海绵型，不加分辨、原封不动地吸收，最后甚至还多了些脏东西；第三种是滤纱型，把"豆渣"留下来，"豆浆"流走；第四种是磨钻型，把矿渣除掉，留下钻石。良好的阅读策略与方法就是引导阅读者在阅读过程中去其糟粕，取其精华。古今中外，许许多多人提炼出许许多多的阅读策略与方法，包括指导他人阅读的策略与方法，比如"质疑批判""问题解决""学思结合""切己体察""互相对照""建构关联"，等等。《美国学生阅读技能训练》中归纳了"让孩子成为优秀阅读者的300种策略"。阿德丽安·吉尔系统地归纳了文学作品与知识读物各自的常见阅读策略。对于文学作品，她提出的策略包括联结、提问、图像化、推测、转化；而对于知识读物，其阅读策略则涵盖推进、提问、推测、确定重点、联结、转化。参考古今中外学者及研究者的成果，并经过我们的实践验证，我们总结出在全学科阅读中普遍适用的策略与方法，包括联系上下文、联系实际、比较、互文、预测、想象、概括、理解、抓住关键、推断、整合、批判、评价、创造、运用等。下面介绍几种常用的阅读策略及其指导方法。

第一节　提问性阅读策略指导

一、什么是提问性阅读

"问题"指的是什么？在《现代汉语词典（第7版）》中，"问题"的释义为"要求回答或解释的题目""须要研究讨论并加以解决的矛盾、疑难"。英国科学哲学家波普尔在《走向进化的知识论》中指出，"问题就是困难"。德国数学家希尔伯特曾指出，好的问题"应具有清晰性和易懂性""困难但又给人希望""意义重大"。我们认为，问题即人们在认识世界、认识自我、探求真理的过程中遇到的难以理解、难以解决的困难或困惑等。提问性阅读是指在学习与阅读中，阅读者积极主动地提出富有价值与意义的问题或就遇到的难以理解的问题不断地进行探索的活动过程。

二、为什么要强调提问性阅读

文明是人类在不断遇到问题、提出问题、解决问题的过程中，不断地积累与发展的。可以说，问题成就了人类文明。正是基于此，《中国学生发展核心素养》中提出要具有问题意识。

(一)提问题就是在积极主动地学习

个体学习与思考的主动性就体现在主动提出问题上。被动学习与主动学习之间的关键区别在于：被动学习是等着他人提出问题而不会自己提出问题；而主动学习则是自己主动提出问题并尝试解决。因为，有了问题意识，就说明学习者有了"内在的认知冲突"，内在强烈的认知冲突是推动阅读者积极主动向学的燃料。钟启泉教授在《深度学习》中提出，儿童自身产生的问题意识与探究欲，是推动儿童学习的原动力。儿童所需要的是他们作为主体发现问题，并同他人协作，一起解决问题的能力。这是时代的要求。

(二)会提问题才可能深度学习

真正的阅读是一种思想的探险、心灵的探幽、精神的探秘，是一种智慧的挑战。而这种探险、探幽、探秘都需要我们全身心地投入思考、不断追问与深入钻研。以问题为引擎不断地"钻探"文本，不断地引爆思想。提问不仅是深度学习的象征，也是深度学习的重要方式。只有提出有深度的问题才可能深度学习，只有深度学习才会产生更有深度的问题。"学贵有疑，小疑则小进，大疑则大进。"学会提问是深度思考的关键所在。

不会提问，就不会有真正的理解；不会提出高质量的问题，更不会有高质量的阅读。许多时候，阅读理解失败实际上是源于不能提出适当的问题。阅读能力差的学生往往不善于发现问题、提出问题。所以，提问的积极性及所提问题的范围、层次、深度，从某种意义上决定了阅读者的阅读深度与品质。

三、如何引导学生进行提问性阅读

美籍华裔物理学家李政道先生提出，"求学问，先学问，只学答，不学问，非学问"。问题是思维的心脏，问题是探究的脉搏。我国文学史学者陈平原教授认为，肯不肯读书是一回事，会不会读书又是一回事。有的人勤勤勤恳恳读了一辈子的书,但收获不大,连一点儿"书卷气"都没有。为什么?原因很多,最大的可能性是方法不对。会读书的人,大多有明显的问题意识——知道自己为什么读书,从何入手,怎样展开,以及"如何穿越千山万水"。那么,怎样才能让学生更好地通过提问进行高品质的学习与阅读呢?

(一)引导学生学会多种方式的提问

在实际阅读与学习过程中,不少学生习惯于"被问",不敢、不愿、不会提问,我们要倡导"学问"的文化与精神,让他们敢于问、愿意问。在此基础上,我们要引导学生学习和分析提问的类型,即让学生观察、比较、归纳、思考:从哪些方面提问,用怎样的方式提问,提问的角度、类型有哪些,等等。我们要引导学生从日常生活中学习提问、从教材的习题中学习提问、从各类试卷中学习提问、从课堂中学习提问……

比如,我们引导学生搜集各个学科的课后思考练习,通过比较各学科提问的角度与类型来理解如何有效地提问。陈萍老师出示相关材料让学生阅读并思考"如何在阅读中进行提问"。

阅读以下问题,思考:这些问题对你提问有什么启发?和同桌交流你的想法。(时间:约3分钟)

汇报提示:我从 _____(学科)问题中发现 _____。

1. 语文(四年级上册)

(1)题目叫《一个豆荚里的五粒豆》,为什么文中主要写第五粒豆和小女孩之间的故事?

(2)为什么其他四粒豆写得少而第五粒豆写得多?

(3)如果你是这个豆荚里的一粒豆,你最想成为哪一粒?为什么?

(4)你觉得第二粒豆真的是最了不起的吗?如果不同意,你认为这五粒豆中谁最了不起?

(5)文中的哪个形象给你留下的印象最深刻,为什么?

2.数学(三年级上册)

(1)李老师和三年级的225名学生要乘5辆车去春游,如果每辆车上坐的人同样多,每辆车应该坐多少人?

(2)观察黑板和国旗的表面,说说哪一个面比较大,你还能像这样说说其他物体表面的面积吗?

(3)一个人要将一匹狼、一只羊和一筐菜运到河对岸,他的船太小,一次只能带一样。当他不在时,狼要吃羊,羊会吃菜。怎样乘船才能安全地把这些东西运过河?

3.道德与法治(三年级上册)

小文是个热情的孩子。一天,同学们都在谈自己家里养的小动物。小文家根本没有养金鱼,但他却说:"我家养了几条非常好看的金鱼!""放学后,我们到你家去看看吧!"大家提议。

小文很后悔,因为自己爱面子,没说实话,结果出了丑。他下决心要改掉这个毛病,但后来同学们不再相信他的话,也不愿意与他一起玩了。小文很苦恼。你能帮小文解决这个问题吗?

(1)小文为什么说家里养了金鱼?

(2)后面可能会发生什么事?

(3)如果同学们知道了真相,会怎么看小文?

(4)这件事给了你什么启示?你应该吸取什么教训?

学生在教师的引导下研究思考,师生归纳提问的方法:提问词要丰富、问题的数量多、提的问题要和内容关系紧密、提问的角度可以多样化等。以范例的方式让学生学习在各个学科阅读中如何更好地提问,以产生较好的学习效果。

《义务教育语文课程标准(2022年版)》在第二学段的"阅读与鉴赏"中提出,"能对课文中不理解的地方提出疑问,乐于与他人讨论交流"。潘丽娜老师在四年级上册第二单元的教学中,就"提问"这一阅读策略展开单元学习,让学生阅读课文,围绕提问的基本角度进行提问并展开交流。然后,选出一个提问词(包括可能、假设、猜想、替代、除了、想象)进行专门训练,对比这样教学前后之间的区别及价值。具体见表6-1。

表6-1 关于四年级上册"提问"阅读策略的单元学习

未训练使用"提问词"	训练后使用"提问词"
1. 为什么说小女孩吻了豌豆花叶这一天就像节日?	1. 那两粒被鸽子吞掉的豌豆,可能在肚子里发生什么有趣的故事呢?
2. 为什么最后一段说明女孩心里充满感激?	2. 假设掉进水沟里的那颗豌豆发芽了,会怎么样呢?
3. 为什么母亲把小豌豆称作小花园?	3. 猜想一下:如果小女孩病好了,会和第五粒豌豆发生什么样的故事呢?
4. 为什么一颗最小的豌豆飞到长满了青苔的裂缝里呢?	4. "你现在有一个小花园了"能否替换成"你现在有一株快开花的豌豆苗了"?
5. 为什么那个穷苦的女人十分强壮而她的女儿却十分虚弱?	5. 最后,一粒豌豆除了帮助小女孩,还会帮助谁呢?
6. 为什么豌豆们要比谁会走得最远?	6. 想象一下:如果最后一粒豌豆掉到了其他地方会怎么样?

对比训练前后的变化,我们可以发现:在训练前,学生提出的问题大多局限于教学提问的基本角度,如内容、写法、启示等;而在训练后,学生在教师的引导下,能够有意识地使用提问词来展开更加深入和具体的提问。不难看出,未进行提问词训练所提出的问题,局限在问"为什么、怎么样、是什么"等,所用提问词贫乏且单调;而进行提问词训练后所提出的问题,教师为学生提供"提问的支架",在一定程度上,提问者是在深度分析文本,所有的被提问者(学生和教师)都在深度思考,课堂由此产生交互式对话,在这样的学习中演奏一场思维跃升的交响乐。

(二)引导学生学会提有深度的问题

有深度的问题即学习者在阅读过程中结合文本及自身的知情意行等提出的富有意义的、值得研究的开放性问题。这是对阅读的深耕与思想的深犁。在具体指导过程中,首先要让学生理解何谓浅层问题、何谓深层问题。比如阿德丽安·吉尔向学生提出两种不同层次的问题:(1)你叫什么名字？你几岁了？你在哪个学校上学？校长叫什么名字？你有几个兄弟？今天是星期几？（2）当我看到别人打喷嚏时，这并不会使我打喷嚏；当我看到别人打哈欠时，这却会使我打哈欠。这是为什么？让学生来思考这两种问题的区别是什么（一是可以不假思索直接回答出来、有固定答案的，二是需要时间思考、没有固定答案的），由此让学生来提出有深度、有价值的问题。

有位教师在《麻雀》一课的教学中，设计了一个问题：从哪些地方可以看出老麻雀的无所畏惧？有学生则提出，课文中好多地方写老麻雀畏惧啊，而且找到了不少描写畏惧的细节。还有的学生则说，但是也写了很多无所畏惧的地方啊。这时，学生就提出了问题：为什么作者既写老麻雀畏惧又写老麻雀不畏惧？老麻雀勇敢吗？什么是真正的勇敢？……（为什么要写老麻雀的畏惧？这里就涉及写作方法及表达效果的问题了。这样写，有助于将老麻雀心里的感受写得更真实、更细致、更丰富、更有层次感、更有过程性，同时引发我们重新思考"什么是真正的勇敢"。真正的勇敢不是无所畏惧，而是即使心存畏惧，因责任所在、使命所在、深爱所在，也会奋不顾身、生死以之）所以，一个人能力的大小在很大程度上取决于他所提问题的广度与深度，以及这些问题的原创性程度，而非他掌握的信息的多少。

学生在阅读与学习过程中提的问题一般是围绕着"是什么""为什么""怎么样"或"何时、何地、何人、何事、何因、如何"展开的。这样提问当然没问题，但学生在操作过程中常常会流于表面，缺乏深度思考。为了更好地激发学生提问的高阶思维，我们可以引导学生采用更有挑战性的提问方式。戴维·珀金斯提出，"假如不是呢？"是一种普遍适用的有效提问方式。例如，学习者可能会遇到一个经典定理：三角形内角和为180°。已有许多证据证实这个有趣且令人惊讶的结论，但是，如果你的思考到此为止，那就不是数学家的思维方式。也许，学习者可以通过提问"假如不是呢？"来扩展理解的界限。戴维·珀金斯举例，假如不是"什么"

呢？假如不是三角形，而是四边形或五边形，还可以得出相似的结论吗？假如不是平面三角形，而是球面上的三角形呢？假如讨论的不是平面图形而是悬浮在空间中的三维图形，如四面体呢？在这些不同的情况下，还可能得出有关内角和的同一结论吗？假如是同一顶点各边组成的部分是立体的角呢？相应的法则是否也成立？"假如不是"的问题让学习者能够不受眼前面对的任务所限制，思考各种不同的情形，并进一步探究相关问题。

艾德勒和范多伦在《如何阅读一本书》一书中提出，有趣的问题有三个特征：开放式；适用于任何一本书；可以单个提出，也可以与其他问题搭配提出。同时，他们提出提问可以从以下十个方面入手：（1）书中的人物想要什么？为什么他得不到？（2）书中的人物应该这么做吗？（3）X和Y有何相同之处？又有何不同之处？（4）谁是故事中最_____的人？（5）这个故事或人物让你想起了什么？（6）人物最怕什么？（7）如果你是作者，你会做哪些改动？（8）最让你惊讶的是什么？（9）书中哪个角色最能让你联想到自己？（10）哪些内容最让你难忘？

如何让学生不断地提升提问的质量呢？钱伯斯介绍了加拿大一位英文教授倡导的"抓鬼游戏"，相当有趣，即让每个学生读作品后写下三个自己想深入思考的问题，然后寻找一个伙伴组成二人小组，互相提问，再选出共同想探讨的问题，接着两个二人小组合为一个四人小组，重复上面的方式，选出大家都想深入思考的一个问题。之后，将此问题提交全班一起交流。这种"问题淘汰制"让所有的学生都参与提问，每个人既是提问者又是解答者，每个人都兴致勃勃地探求高质量的提问及阅读。

当然，提出问题是非常重要的，问题是思考与学问的酵母，而探索问题的解决过程则是发酵的过程。正如艾德勒和范多伦提出的，如果有读书时提出问题的习惯，要比没有这种习惯的人更能成为一个好的阅读者。但是，就像我们所强调的，仅仅提出问题还不够，我们还要试着去回答问题。完整的、彻底的、透彻的阅读就是一个基于文本阅读不断提出问题、分析问题、解决问题的过程。

第二节　联系生活实际阅读策略指导

一、什么是联系生活实际阅读

冯梦龙《警世通言》中写道：苏轼有一次去拜访王安石，见王安石题的一首《咏菊》诗中有"西风昨夜过园林，吹落黄花满地金"的句子，不由得暗笑当朝宰相连基本常识也不懂，认为菊花是草本植物，其花瓣只会干枯不会飘落，于是就在王安石的诗句下面题了"秋花不比春花落，说与诗人仔细吟"。后来，苏轼被贬黄州做团练副使，与好友陈季常重阳赏花时，大吃一惊，没想到菊花真的被西风一吹，就落了满地，便意识到自己对王安石的诗句理解有误。这一故事讲述的就是要联系生活实际阅读。

生活是知识的出发点与归宿，学习离开了生活就会苍白无力，阅读没有基于生活、联系生活、运用于生活就难以深入，往往成为"空中楼阁""海市蜃楼"。在全学科阅读过程中，我们要引导学生善于调动生活经验这一学习的宝库，为更好地促进深度理解、体验、思考提供强有力的"保障"与"支撑"。联系生活实际阅读策略指的是在阅读过程中，阅读者基于阅读目的及文本内容调动与之相关的既往的生活经验、思维操作、心理活动、情感体验等，以便深度理解文本内容，建构意义的过程。离开"生活实际"的阅读，就会陷入"死读书，读死书，读书死"的恶性循环之中。

二、为什么要强调联系生活实际阅读

阅读是文本、作者、读者之间交流对话的活动，而在这一活动中读者的生活实际经验起着"激发、激活、关联、建构"的作用。缺乏生活实际的

关联阅读成了一种从"符号"到"符号"、从"文本"到"文本"的"空转"与"空运"的过程，结果就可能"空空如也"。为什么要联系生活实际阅读呢？总结而言，主要原因如下。

（一）教育源于生活

教育离不开生活，离开生活的教育是苍白无力的，所以，陶行知先生提出，生活即教育。生活是教育的根与源，缺乏生活作为支撑的教育往往是无本之木、无源之水。陶行知先生在《生活教育的创立与成长》中谈道："中国的教育太重书本，和生活没有联系。教育不通过生活是没有用的，需要生活的教育，用生活来教育，为生活而教育。"生活世界是科学世界的营地，生活是探究的源泉，现实的生活为学生不断探究提供取之不尽、用之不竭的养料。德国著名教育家福禄培尔在批判当时的学校教育脱离学生生活时曾说："通过生活和从生活中学习，要比任何方式的学习更深入、更容易理解。"

（二）书籍是生活的结晶

书籍反映了自然万物、社会万象、人生万事，天地之大、粒子之微，无一不可入书籍之中。书籍记录着人类历史发展的点点滴滴，记录着人类社会的方方面面。于是，种种学科、种种门类、种种学问层出不穷，而这些都与人类的生活有着千丝万缕的关联，我们翻开每一本书都可以读出或隐或显的生活的面目、影子与内核。可以说，与生活相关联、相融合的书是"活书"，而与生活不关联、不相融的书是"死书"。真正的书籍是从鲜活的生活中提炼出来的生机勃勃的、气韵生动的精华。

（三）阅读是对生活的唤醒与丰富

没有与学生生活经验相连接的阅读是"贫血"的，缺乏学生真实体验的阅读是贫乏的。联系生活实践阅读是以生活经验与生命体验作为根基、根本、根系的，如此阅读者的心田中才能生根发芽、长叶开花，并最终结果。联系生活实际阅读能"复活"学生的经验、生活、思维、行动、情感、想象，从而使学生得到丰沛的生命滋养。美国课程理论家平纳提出，要获得个体的自由和解放，学校课程绝对不能局限于系统化的书本知识，而要关照个体作为具体的活生生的存在的生活经验。同理，要获得个体的自由和解放，阅读要关照个体的活生生的生活经验。

三、如何引导学生进行联系生活实际阅读

（一）引导学生排除"随意联想"的干扰

调动生活实际经验来理解文本，可以为解读文本找到"熟悉的支点"与"深厚的背景"。然而在实际阅读过程中，学生有时会由一点出发，天马行空、胡思乱想。这不但无助于正确解读，还可能带偏节奏，影响正常阅读。

比如，数学教学中计算出租车计程收费的问题，教师会问，同学们坐过出租车吗？出租车是怎么收费的？学生开始交流，有的同学说坐过，就是司机说多少钱，爸爸就给多少钱。还有一名同学说，上次和叔叔坐出租车时，司机乱收费，叔叔还和司机吵起来了……教师问，我们坐出租车时，大家知道它是怎么计程收费的吗？学生说，就是打表按路程收费啊……绕来绕去，学生不清楚出租车的"分段计程收费"等规则。教师的教学也是想引导学生联系生活实际来进行阅读理解，为"分段计程收费"学习奠定知识背景与生活经验基础。学生虽然有坐出租车的生活经验，他们也联系了自己的生活经验，但这一经验与他们当下的学习关联不大，甚至还干扰了课堂及数学学习。其原因在于，他们缺乏"数学"的生活经验，缺乏对"数学"生活经验的敏感、体验与积累。

比如，学习一年级《雷雨》一课时，不少老师为激活学生的知识背景与生活经验，总会提出这样的一个问题：大家在生活中有没有见过雨呢？学生说有。老师说，那你们见过什么雨呢？学生回答，小雨、暴雨、大雨、中雨……老师说，这节课我们就来一起学习《雷雨》。这仿佛就是用生活经验为学生学习文本做铺垫，让学生感兴趣。实际上，要让他们深入理解

这一文本，需要的生活经验不是见到过"小雨、中雨、大雨、暴雨"，而是观察过不同类型的雨的"下雨过程及其情境"（下雨前、下雨中、下雨后的景物变化过程）。因为《雷雨》这一篇文本主要是写雷雨前、雷雨中、雷雨后的过程及景物的变化。所以，联系生活不是联系生活的表面。联系生活的"表面"阅读容易一滑而过、悄无声息、了无痕迹，对学生学习、生活助益不大。

实际上，上述联系生活实际的案例中，学生更多地着眼于自己的兴趣，阅读的目的与主题对他们来说只不过是一个"导火索"，他们将"深度阅读文本"的目的抛之脑后，而对"自己的生活"津津乐道。没有找到通过生活实际深度理解文本的点。面对这种情况，我们需要引导学生排除随意联想的干扰。比如，教师要引导学生聚焦文本阅读的核心内容，调动相应的、相关的实际生活经验，不要做漫不经心的"跑马"。

（二）引导学生提取与学习内容相关的经验

陶行知先生提出"接知如接枝"（我们要以自己的经验做根，以这经验所发生的知识做枝，然后别人的知识才可以接得上去，别人的知识方才成为我们知识的一个有机部分）。对此我深以为然，以学习者的经验为根，新知才能嫁接在个体学习中并得以生长。也如美国教育家杜威所提出的，教育即经验的重组与改造。新课程方案、新课标也强调教育要与生活紧密相连。反观我们的课堂教学，基本上每节课都有"联系你的生活经验来谈谈你的理解"这样的环节，看起来课堂中渗透了"联系生活""联系经验"的教学，实际上像杜威所说的学习者经验对于学习者正在学习的内容来说，可能存在三种情况，即"无关经验、相反经验、相关经验"。那么，我们如何引导学生在学习过程中准备与提取与学习内容相关的经验呢？

阿德丽安·吉尔在《阅读力：知识读物的阅读策略》中写道，她目睹学生从进行快速、表面的联结（"这使我想到我的狗！我的狗也有棕色的皮毛！"）升级到深入思考的联结（"这使我回想起一次相似感觉的经历：

当我的狗没有回家时,我十分着急,以为它永远消失了。")……她认为,进行联结的目的不是谈论与自己有关的事物,而是帮助阅读者更好地理解故事或文本。因此,发现联结的方法仅仅是第一步。第二步是说出这些联结如何帮助你更好地理解这个故事。不幸的是,这些学生却做不到这一步:他们虽然能够分享自己的故事,却没有将联结带回自己正在阅读的故事。"直到这时,我才知道,我们遗漏了联结能力中最本质的部分——将联结带回文本。"

经过多年的实践,我们提出联系生活实际阅读的四条原则:(1)围绕主题或核心关键词联系生活经验。(2)舍弃与主题无关的经验。(3)反思对比与之相反的经验。(4)充分提取及运用相关经验。举例来说,教学四年级上册《观潮》一课时,教师经常会以以下几种开场白引入:(1)你有没有到海边玩过?(2)你看到大海时的感受是怎样的?(3)你有没有看到过涨潮的情景?(4)涨潮给你带来的感受是怎样的?看起来,这些都是在引导学生联系生活经验,以便更好地学习《观潮》。可是,往往只有一部分学生说"到海边很好玩""海浪很大""海很宽阔"之类的话。这些对于他们深度理解文本中"潮来前、潮来时、潮来后的变化及壮观"显然关联不大。这就是我们所说的联系的是生活的浅层信息、表层经验。我们建议教师提前让学生在家长的带领下观察涨潮的过程,也可以在网络上搜索涨潮过程的视频,思考并回答下列问题:潮来前、潮来时、潮来后各是怎样的情景?你的感受有怎样的变化?诸如此类的生活经验与生命体验才是与文本中描写的核心内容相对应的经验。

基于多年的实践,我们建构了联系生活实际阅读的一套程序:(1)初步感知内容及情思。(2)调动与之相关的生活经验。(3)根据内容、情思进行筛选。(4)再次体验、补充与之相关的生活经验,即调动与内容、情思关联的过程性生活经验。这一套程序能避免阅读者在阅读过程中"随心所欲"地伸展,防止读者"走了太远,忘了出发的目的"。

第三节 具身性阅读策略指导

一、什么是具身性阅读

荷兰的一项关于小学生数学和语文课程的实验表明，积极的身体活动不仅没有损害学生的学业成绩，反而对学生的数学能力和语文拼写能力有积极影响，提高了学生这两个科目的学业成绩。在这项为期两年的实验中，实验组的学生在课堂学习中需要积极参与相关的身体活动。如在学习乘法 4×2=8 时，学生需要跳动 8 次；在学习"分钟"的概念时，需要跳动 60 次；在学习字母时，需要用手臂比画出字母的形状。控制组的学生则按照常规教法，静坐听老师的讲解。实验开始前的测试显示，实验组与控制组学生的学业成绩并无显著差异，实验开始一年和两年后的测试表明，身体活跃的实验组的学生进步更大，他们在数学运算和单词拼写方面取得了更好的成绩。

这里实验组的学生运用的阅读方式就是具身性阅读。"具身"的"具"指的是具体的、具象的意思；"身"指的是身体的、身心的意思。具身性阅读指的是阅读者在阅读过程中调动全身心的感官和文本（阅读对象）积极互动，通过观察、操作、表现、活动等身体性参与，从而更快、更易、更好、更深地理解文本（阅读对象），建构意义的过程。在具身性认知中，人的认知活动与身体全感官的活动息息相关。也就是说，具身性认知通过身体全感官的活动促进深度学习。身体在塑造心智中扮演了关键角色……我们是通过身体来理解、体验世界和作用于世界的。总的来说，具身性阅读是一种富有创意和实效的阅读理论和方法。

二、为什么要强调具身性阅读

在传统的阅读与学习中，学校更多的是强调以"静"为主，以"脖子以上的学习"为主。所谓的"大脑袋，小身体"的阅读与学习是一种"身心分裂"的阅读与学习，是一种"离身"的、生命不在场的异化的学习，其结果会导致学生"知行不一"，让阅读与学习无法在生命中生长，无法真正滋养生命，内化为生命的一部分。阅读在这种与学习"情感、思维、身体、行动"之间互不相干的关系中就很难达到"相互共鸣""相辅相成"的效果。意大利幼儿教育家蒙特梭利曾写道：我们时代最大的错误之一就是把运动视为脱离于其他高等功能的东西……心智发展必须和运动相联系，也必须依附于运动……通过观察孩子就会清晰地发现他们的头脑发育是通过运动形成的……头脑和运动是一心同体的。

（一）具身性阅读是对"身心分离""手脑心割裂"的教育的一种改正

如果读书和教育更多停留在"脑部以上的运动""纸面上的运动"，结果培养出来的"读书人"不少是"两脚书橱""人形鹦鹉"，缺乏真正的思考力与行动力。"离"身的阅读导致培养出了"离"心、"离"智、"离"德的人。心智是身体的心智，身体是心智化的身体，即心智的肉身化、身体的灵性化。认知是被身体活动塑造出来的，记忆、思维和学习与身体活动有着紧密联系。只有全身心以赴的阅读才能滋养全身心发展的人，也才能用全身心来建构阅读的意义、知识的意义、智慧的意义、生命的意义。

（二）良好的教育必须从知识本位走向素养本位、生命本位

拉伊的《实验教育学》在序言中提出，根据其教育原则，拉伊倡导活动学校，或称为生活社会学校。"通过活动进行教育"是拉伊的一句座右铭。他认为学生是凭借活动求得发展的。陈鹤琴先生在《几条重要的教学原则》中强调的第一条就是"寓学于做"："做"这个原则，是教学的基本原则，一切的学习，不论是肌肉的，还是感觉的，抑或神经的，都要靠"做"。

基于此，新方案与新课标明确倡导学科实践，在用中学、在做中学、在创中学，也就是强调进行身体性、体验性、活动性、生命性的阅读与学习。

（三）具身性阅读能够全面提升阅读者的阅读质量

因为全身心的参与，阅读者的阅读注意、阅读兴趣、阅读体验都得以发展，同时因为全身心的融入，阅读者更容易建构文本与自身的关联，建构文本与生活的关联，建构文本与自我情思的关联，从而达成深度理解与创生。现代学习科学特别提倡具身性认知。美国缅因大学的化学教授在很久以前就开始研究手势的力量。在过去的几年中，他曾经鼓励学生在化学入门课程中思考分子的时候做出手势。分子是三维的，学生在用手表示分子的不同部分时，会更好地理解和记忆分子的结构。单单用语言很难形容一个三维结构，但是当我们可以用手在我们眼前创造出一个分子时，我们就能看得更清晰，也能记得更好。手势可以帮助我们学习，也能帮助我们记忆。

三、如何引导学生进行具身性阅读

具身学习意味着身在哪里，心在哪里，身心相随，心手相依，身心兼修。我们常说"心灵手巧"，而学习科学研究表明，"手巧心灵"，通过手的动作、操作、实践、设计、创造，"心"越来越富有灵性，越来越有创造力。

（一）充分运用手势

"手脑心一体""十指连心"，人类通过手的动作将心灵与思想活动化、行动化，通过手来探索世界的奥秘与人生的奥义。大多行动"笨拙"的人，往往心智迟缓——"笨手笨脚导致笨头笨脑"。在日常的教育教学生活及阅读过程中，我们比较强调"静"与"敬"，只有安静不动、端坐不动才是阅读最标准的姿势。实际上，我们不鼓励阅读过程中的"手的舞蹈"与"手的表达"，这让我们觉得阅读者注意力分散，不能聚精会神。

刘电芝教授在《中小学生学科学习策略的诊断与培育》一书中引用了两个实验以说明手势在阅读中的重要意义。一个是关于数学阅读的：研究者在实验中要求儿童解答数学问题时，鼓励一半儿童边解释思路边使用手势。结果发现，被鼓励使用手势的儿童采用了一些新的解题策略，未被鼓励使用手势的儿童则没有采用这些新策略。重要的一点是，使用手势并增加独特新策略的儿童在相似的数学问题上表现出更高的解题水平。另一个是关于外语学习的：在研究中，两组被试分别以不同的方式学习外语单词。一组仅听、说、读单词，另一组除听、说、读外，还配上象征语义的手势。结果，加上动作的学习方式要比仅仅听、说、读更有效，而且记忆保持的时间更长。该研究倡导将身体动作作为一种教学工具整合到外语教学中，以此来促进成年人的外语学习进程。手势的具身作用也可以运用在儿童的母语学习上。

从上述两个实验可以看出，手势能促进深度阅读。所以，对于"不动笔墨不读书"这句名言，我们甚至可以延伸表达为，"不动手势不读书"。在日常的阅读过程中，我们要用手势来表达理解，用手势来促进思考，用手势来帮助实现创造性的阅读。毕竟人类自诞生以来，肢体语言、手势语言的历史要比口头语言、书面语言的历史长得多得多。

（二）充分运用表演活动

笛卡儿有一句名言是"我思，故我在"，而美国认知心理学家阿特·格伦伯格一生都在探索学习的精神与原理，他曾在亚利桑那州立大学管理着具身认知实验室。他在实验室的网站上引用的格言是"我做，故我思"，他一直强调在阅读中加入动作以提高阅读技巧。表演性阅读能够神奇地唤醒阅读者的身心力量，让读者进入浸入式、卷入式的学习，让阅读者与文本（阅读对象）融为一体，阅读者与阅读对象可以实现深入对话。

在一次实验中，阿特·格伦伯格招募了一些一年级和二年级的学生，让他们参与不同的阅读小组。下面就是他们进行的项目：在农场吃早餐。

本要给动物喂食。他把干草推进洞里（在山羊围栏上面的干草棚地板上有一个洞）。山羊吃干草。（绿灯）本从鸡那里得到蛋。（绿灯）他把南瓜给猪。（绿灯）所有动物都开心了。一些孩子被分到"动作"阅读小组。这些孩子轮流大声朗读每个句子；当他们看到句尾的绿灯时，这个信号告诉他们用摆在前面的玩具（玩具谷仓、鸡、猪、南瓜、男孩人偶、一辆马车）把句子中描述的事件表演出来。其他孩子则被分到"重复"阅读小组。这些孩子同样也轮流大声朗读句子，但是当他们遇到绿灯时，他们只是重复朗读句子。把故事表演出来的孩子对于材料的理解比那些只是把句子朗读两遍的孩子要好，而且两者之间有着很大的差别。表演句子会让孩子对于故事的理解程度提高50%以上。这些孩子同时也会记住更多的细节——甚至在第一次阅读故事之后的几天里还记忆清晰。

阿特·格伦伯格认为，情境表演不仅仅可以提高学生阅读的参与度，尤其重要的是，表演句子的经历促使孩子的大脑像富有经验的读者那样进行模仿，他们就可以通过唤起与阅读相关的丰富的感觉体验和运动体验来指引他们记忆和理解，即表演促使阅读融入他们的身心，成为他们身心的一部分，学生的阅读自然就会有深度。

又如，教学《搭船的鸟》一文中"翠鸟捕鱼"的场景："我正想着，它一下子冲进水里，不见了。可是，没一会儿，它飞起来了，红色的长嘴衔着一条小鱼。它站在船头，一口把小鱼吞了下去。"

有位教师让学生结合自己的身体语言表现翠鸟捕鱼的场景并进行描述，有的学生以手掌为翠鸟，五指往中心并拢、撮紧，类似一只翠鸟，以课桌面为河水，以橡皮擦为小鱼，五指撮紧直冲桌面，不一会儿用两指夹着橡皮擦，其他三指扇动作展翅飞翔状，飞起来，用手掌支着课桌边上，表示站在船头，然后夹着橡皮擦的两根手指作摩擦状将橡皮擦藏在手心，表示一口吞下去了。学生边表演边解说，绘声绘色，格外精彩。

其间，教师还让学生想象自己就是这只翠鸟："你就是这只翠鸟，你是怎么捕鱼的？请描述整个捕鱼过程并通过整个身体来表现翠鸟捕鱼的场景。"学生表现得非常出色，甚至还添加了不少表情。学生站立着，两只手前伸合拢（当作翠鸟的长嘴）低着头做俯冲跳水的动作，过了一会儿，双手作扇动飞翔状，然后双手夹住地板上的一把尺子，站在另一个地方，表示站在船头，双手一伸一缩，将尺子藏于两只手掌之间，表示将鱼吞下。在此基础上，让学生打开全部感官，想象描述翠鸟捕鱼的场景，一名学生想象着：它一下子，像一支箭射入水中，不见了，只见水面微微晃起了波纹。我细细寻找都不见踪影。可是，没一会儿，哗啦一声，它扇动着翅膀，像一道蓝绿的闪电划来。细看，红色的长嘴还衔着一条银白的小鱼。它稳稳地、轻巧地在船头站住，轻轻抖抖羽毛，微微地仰着长嘴，向前稍稍一伸一缩，那条尾巴刚才还在颤动的小鱼一下子被它吞了进去。然后，它转动着小脑袋，用小眼睛瞅瞅船舱中的我们，发出唧唧的悦耳的声响……

这里的表演活灵活现，学生通过具身性阅读将文字还原成活生生的场景，还原成热气腾腾的生活本身，还原成和自己的身心及想象紧紧交融在一起的活动。我们认为表演式具身性阅读的主要程序与步骤是：理解文章大意—分解并演示每个动作—演示连续动作—补充表现相应的神态、声音、心情等。如果想要更真切与投入的话，则需要将更丰富的生活经验、场景及生命体验融入其中，用手势（身体语言）再现文本（阅读对象）的具体真实的形象，用手势（身体语言）再现文本（阅读对象）的动态变化或运动过程。当然，从更广阔的角度来理解具身性阅读，它包含阅读过程中观察、操作、实践、实验、创作、表演、模仿、参观、访问、研学等与身心活动紧密相关的活动。

第四节　批注式阅读策略指导

一、什么是批注式阅读

批注是阅读时的一种消化与反刍，批注是一种生产性阅读，是思维激活与贯通的过程。古今中外，优秀的阅读者基本上都推崇与践行着批注式阅读。

比如，列宁在阅读中一直运用批注法，他认为批语是一种创造性的脑力劳动。在精辟处写上"非常重要""机智灵活""妙不可言"等，在谬误处批上"废话！""莫名其妙？！"等，而在他觉得有启发及感悟处就写上"哦，哦！""嗯，是吗？""原来如此！"等。列宁的著作《哲学笔记》就是由他大量阅读哲学著作做的批注和笔记汇编而成的。再如，我国明末清初的文学批评家金圣叹就专门对"六才子书"（《庄子》《离骚》《史记》《杜工部集》《水浒传》《西厢记》）进行评点批注，他的批注涉及内容、思想、道德、写法、赏析等，丰富多彩，堪称批注式阅读的典范，让人叹为观止。

中国当代阅读学资深研究者曾祥芹教授认为，批注法可以分为批读法与注读法。批读法是通过对阅读材料圈、点、批、画来帮助阅读的阅读方法，注读法是通过对阅读材料做注释或提示来帮助阅读的方法。不管是批读还是注读，都是在阅读材料中写出自己的感受和理解，以促进阅读者更深刻地理解文本。《现代汉语词典（第7版）》对"批注"的释义为"加批语和注解""指批评和注解的文字"。我们认为，所谓的批注是一种常见及常用的阅读方法，即阅读者在阅读过程中根据一定的阅读目的与文本充分对话，在此基础上可对文本的字、词、句、段、篇、意、情、思等内容、形式、意义进行思考与推敲，并记录阅读的收获。

二、为什么要强调批注式阅读

徐特立先生称，不动笔墨不读书。批注式阅读的意义在于以下几点：第一，促使阅读者在阅读过程中不分散注意力，有效防止随意走神的行为，形成阅读的专注力。第二，促使阅读者与文本进行深度交流，而不是眼下草草、心中匆匆，一掠而过往往读得不深不透甚至一无所得，通过圈点批注促使阅读者关注兴趣点、思考难点、聚焦重点，促使阅读者边阅读边关联、思考。第三，促使阅读者进行积极主动、富有创意及"生产性"的阅读。在阅读活动中，积极的阅读者在与文本交流时会碰撞交融，产生"万千思绪、万千灵光"，而这些往往是一闪而过、转瞬即逝的，如果没有用圈点批注的方式展现思维的过程与成果，阅读就会落得"读时思想沸腾，读后头脑空空"的结果。宋代朱熹谈到读书时强调，读书要有三"到"——"眼到、心到、口到"，而五四运动时期胡适先生则又加上一"到"——"手到"，他认为，"手到"是"心到"的不二法门。胡适先生说的"手到"，就是阅读过程中要进行"圈点批注"（包括写读书札记）。从某种意义上讲，"手到"可以说是"眼到、心到、口到"的不二法门，是深度阅读的不二法门。

三、如何引导学生进行批注式阅读

刘松老师执教苏教版数学五年级上册《用字母表示数》时的阅读指导片段如下：

师：当字母跟具体的数，或者字母跟字母一起加减乘除运算的时候，加、减、除，都没有特殊的规定，唯独碰到乘法，有特殊的规定。有没有哪位聪明的同学知道是什么？（学生面露困惑，没有人举手）

师：老师不想告诉你们，你们自己看书吧。请看教材第100页例3，用3分钟的时间看完，然后告诉我，你看懂了什么？有句古话说："不动笔墨不看书。"尤其读数学书，该画的画，该标重点的标重点，该写的写，这才

叫读数学书。(学生阅读教材后交流)

生:我看懂了正方形边长用 a 表示,周长用 C 表示,面积用 S 表示。

生:如果 a 与1相乘,就可以记成 a。

师:对,看书不看表面的东西,注意看重点。还有什么?(学生交流)真正的好学生是会自己看书的,而不是老师教了才会。例3主要告诉我们什么?

生:字母乘字母,字母乘数,乘号可以变成圆点或去掉。

师:很奇怪,做加法的时候,没什么规定,就这个乘号的时候有特殊的规定,有问题吗?

生:没问题。

师:真的没问题?你们没问题就麻烦了。学习一定要善于追问,有没有想过为什么字母碰到具体的数,加法、减法、除法,书上都没有特殊规定,只有乘号有规定呢?为什么把乘号变成一个点,有时候干脆不要呢?同学们要是经常这样思考问题,我相信你们会有更多的收获。

方爱斌老师在赏析该课时写道:阅读要养成"读+思考"的读书方式。小学生注意力不集中,易顾此失彼,因此,适当勾画能集中学生的注意力与思维。刘老师在指导学生读教材时,指出"不动笔墨不看书""尤其读数学书,该画的画,该标重点的标重点,该写的写,这才叫读数学书",引导学生"看书不看表面的东西,注意看重点"。指导学生阅读时,教师应引导学生在重要内容、数学术语和自己有疑惑的地方做标记,如可以用"*"标明重点词语,用"?"标出有疑问的地方,用"!"表示需要注意的地方。教师还应提倡有能力的学生试写眉批,将自己的一些灵感、心得及时整理在笔记上,用提纲式标题摘出概括的要义,用小段文字注明自己独特的感受与认识,用具有典型意义的实例解释教材中抽象的表述,做到手脑并用,以写串起思维的珠链,提高阅读效果。

在批注式阅读策略的指导过程中,一般教学基本上着眼于批注点在何处、批注的形式是什么,批注的内容与批注的程序、步骤则是比较容易忽略的。这导致学生在阅读时做批注更多的是知道批注在"精彩处、困惑处、启发处",至于批注的具体内容及步骤则不甚了了。这就导致学生在阅读过程中看起来运用了"圈点批注",实际上更多时候是"被迫营业",是为批注而批注,而不是为了深度理解、深度阅读而批注。

我们认为,引导学生掌握批注式阅读首先要不断渗透与强化理解批注式阅读的基本环节与步骤:(1)确定读书目的(目标)。(2)确定批注点。(3)综合运用多种阅读方法进行关联性思考,可以运用有声思考。(4)选用适当的符号与文字表达。(5)反思及整理批注。然后,引导学生寻找批注点,在具体的批注过程中,我们引导学生根据这些步骤进行操作。

(一)在困惑处进行批注

意大利著名诗人但丁说过,"爱真理,更爱问题",问题是探寻真理的起点,只有热爱问题才能不断追求真理。"有困惑才有收获",阅读过程是一个不断提出问题、思考问题、解决问题的过程。矛盾是事物发展的动力。我们在阅读过程中如果觉得"一帆风顺,一览无余",没有困惑、没有疑问,那么往往没有思维"突破""突围"与"突出"的可能。在阅读过程中,可以用问号标注出不解、不懂、不信的地方,并写出思考的"障碍"与"困难"所在。

比如,在阅读五年级《四季之美》这一课文时,有名学生在阅读之初在批注中提出了一个问题,"作者认为四季中最美的到底是哪个季节?"读完全文后,他圈出了"黎明""夜晚""黄昏""清晨",并在上面的问题下继续写着,"每个季节都是美的,而作者认为每个季节都有最美的时刻"。在文章的最后一句话"只是到了中午,寒气渐退,火盆里的火炭,大多变成了一堆白灰,这未免令人有点儿扫兴"。下面批注的问题是:"写四季之美都是表达作者对四季美景的喜爱,可是到了最后却写'未免令人有点儿扫兴'?"从学生批注的问题中,我们就可以看出他的思维在阅读中的纵深发展，从提出一般难度的问题到提出富有意味、富有深度的、开放性的问题。因为最后这个问题涉及了日本当时包括现在仍存在的"刹那主义美学"的审美思想与趣味，即"美在一瞬间"。因为清少纳言要赞美的是冬天清晨那一个时刻的美，过了这个时刻她认为就不是最美的。

比如，在数学阅读过程中，有学生在阅读"认识平面图形"时，批注自己的疑问，"一块积木为什么可以画出不同形状的图形？""不同的积木为什么也可能画出相同的图形？"……

（二）在启发处进行批注

每个人在阅读过程中都会遇到被文字激发与点燃的时刻，这个时刻可能让你对百思不得其解的问题豁然开朗；可能让你在自以为是的想法与做法中被"猛击一掌"或被"当头棒喝"；可能在你平静无波的智力生活中激荡起层层涟漪，让你超出"现在的自己"……而这个时刻时常如流星一闪，划破天际，瞬间又归于沉寂。我们如果不珍视这样的时刻，不珍视这样的发现，不珍视这样的体验与思想，那么，我们的阅读就会流于平庸。

比如，有学生在阅读《童年》这本书之后，在故事的最后批注了一段话："成长是一段磨难，每个人都要在磨难中成长。以前，我被爸爸打骂很想反抗，现在看看阿廖沙他们的童年也是在打骂与磨难中度过的。我要学习承受磨难，不断成长。"这里的批注就关联着自己的生活经历与生命体验，将阅读文本时产生的感悟与当下的生活及未来的人生态度紧密联系起来。可以说，阅读照亮了他的心灵，解开了他的心结，指引了他的生命走向。这就是我们时常说的，阅读"抚慰心灵、净化心灵、启迪心灵"的意义。

陈艳华老师在小学道德与法治六年级上册第四单元的《知法守法　依法维权》一课的教学中，让学生在课后思考练习"关于欺凌他人的原因，某机构曾发布过一份调查报告，你认为这些说法合理吗？（1）被人欺负过，想报复。（2）自己生气，但不知道如何发泄。（3）已经习惯了,很难改变。(4)其他:家长怕孩子吃亏,灌输以牙还牙的错误观念,缺乏法律知识,做事不考虑后果等"时,引导学生边读边联系教材边思考并进行批注。有学生的批注如下:针对第一点,他批注为"产生这样的心理是正常的,但选对方法很重要,比如,运用法律武器……";针对第四点,他批注为:"周围的人都认为应该这样做,如果这样做不对,那应该怎么办呢?"他在这道题总的批注中写道:"校园欺凌真是太可怕了,我们在校园生活中要做到:(1)校园欺凌不可为。(2)遇到欺凌及时说,不以暴制暴。"

(三)在精彩处进行批注

在阅读中,我们可能都会感受到文本中精彩的地方,也许是作者与众不同的感受与体验丰富了我们的感受与体验;也许是作者超乎常人的思维方式与思想结晶让我们眼界大开、脑洞大开;也许是作者独具匠心、动人心弦、发人深思的语句与表达……能够读出文本的精妙之处,才能够读懂文本的精髓,才能吸收文本的精华。所以,在文本的精彩处做批注,写下自己由此产生的对文本、世界、问题、思维新的理解、创造性的发现,就是一种富有创意的阅读。

比如,在阅读小学语文五年级上册《我的"长生果"》一文时,老师让学生阅读课文,画出自己对作者关于阅读与写作描写中感触最深的语句,结合自己的阅读写作经历写下批注。有学生画出了"真正打动人心的东西,应该是自己呕心沥血的创造",然后,在下面批注:"以前,我很怕写作文,基本上一写作就七拼八凑,东抄一段西抄一段。有一次写《我的妈妈》这篇作文,我很用心,我观察妈妈每天是怎么工作、怎么做家务、怎么辅导我做作业的……那天晚上,我用了整整一个晚上写作,写完后,我心里充满了感动与愉悦,妈妈读了我的作文眼里满是泪意。我明白,写作就是抒写心灵、雕刻心灵。"

诸如此类的批注式阅读,就是阅读者将自己的生活、思想、情感及生命一点一滴地灌注到阅读的字里行间,同时,也将阅读中文字里的情思及作者的表达内化为自身的思想、情感、心灵及表达的一部分。正如艾德勒和范多伦在《如何阅读一本书》中提出的,"要真正完全拥有一本书,必须把这本书变成你自己的一部分才行,而要让你成为书的一部分最好的方法——书成为你的一部分和你成为书的一部分是同一件事——就是要去写下来"。

第五节　比较性阅读策略指导

一、什么是比较性阅读

统编版小学语文五年级上册冰心的《忆读书》写道:"同时,书看多了,我也会挑选、比较。比如说看了精彩的《西游记》就会丢下烦琐的《封神榜》,看了人物栩栩如生的《水浒传》就不会看索然无味的《荡寇志》。对于现代的文艺作品,那些写得朦朦胧胧的、堆砌了许多华丽词句的、无病而呻的文字,我一看就从脑中抹去。但是那些满带着真情实感、十分质朴浅显的篇章,哪怕只有几百上千字,也往往使我心动神移,不能自己!书看多了,从中也得到了一个体会,物怕比,人怕比,书也怕比,'不比不知道,一比吓一跳'。"

冰心介绍的上述读书方法就是比较性阅读。所谓比较,指的是"就两种或两种以上同类的事物辨别异同或高下""用来比较性状和程度的差别"。曾祥芹教授在《阅读技法系统》中提出,比较阅读法也叫比读法、对照阅读法、对比阅读法,是一种非常重要的读书方法。比较阅读法,就是在读书的时候,同时取两种或两种以上的文字材料,或就内容,或就形式,或就创作意图,或就写作背景,或就作品的历史作用、社会效果以及阅读者感兴趣的其他方面,进行不同角度、不同层次的比较。我们认为,比较性阅读法是为了达到一定的目的,选取两种及以上的资料做对比阅读,进行比较、分析、综合、判断、提炼等思维活动,探寻资料间的异同,探索问题、发现规律,或提取信息,或获取知识,或发展思维,或获得审美,或提升表达,从而解决问题,达成目标。比较性阅读的特征是:其一,目的性,比较性阅读目的可以是单项式的也可以是综合式的,也就是说,这个比较既可以是单一比较也可以是综合比较。其二，综合性，主要是指资料或媒介是综合性的，可以是同一文体也可以是不同文体，可以是同一媒介也可以是跨媒介。其三，探究性，在多种材料中探索问题，寻找异同，发现规律。比较性阅读的形式及种类从不同的角度可以划分为不同的类型。曾祥芹教授将它分为宏观比较和微观比较、纵向比较与横向比较、内容比较与形式比较。

二、为什么要强调比较性阅读

（一）比较是人类认识事物的重要方法之一

乌申斯基提出，比较是一切理解和思维的基础，我们正是通过比较了解世界上的一切。通过比较我们才能察幽洞微，通过比较可以发现事物现象背后的道理与规律，透过事物的表面看清事物的真相，即不但知其然，而且能知其所以然。

比如，伟大的科学家牛顿，在观察到苹果落地这一日常现象后，没有止步于表面的惊奇，而是将其与其他天体运动进行了深入的比较与分析。正是通过这种跨界的比较，他发现了万有引力定律，为物理学的发展奠定了基石。又如，文学巨匠莎士比亚，他在戏剧创作中，常常将不同性格、不同命运的人物进行鲜明对比，通过这种对比比较，深刻揭示了人性的复杂与多面，这使得他的作品至今仍然闪耀着人性的光辉。

（二）比较也是深度阅读的重要方法之一

阅读是一个概括、分析、比较、归纳、综合、评价、创造的过程，而其中"比较"起着极其重要的作用。没有比较就没有真正的理解，没有比较就没有真正的鉴别，没有比较就没有真正的欣赏，没有比较就没有真正的迁移与运用。20世纪30年代时，朱自清就认为比较的方法是对学生了解与欣赏极有帮助的应给予特别注意的方法。比如，金圣叹在阅读《水浒传》时用了"比较法"进行点评，"只是写人粗卤处，便有许多写法。如鲁达粗卤是性急，史进粗卤是少年任气，李逵粗卤是蛮，武松粗卤是豪杰不受羁靮，阮小七粗卤是悲愤无说处，焦挺粗卤是气质不好"。通过对"同中不同"的比较，我们就可以发现伟大作家的写作奥秘。

通过比较性阅读，我们就可以超越"平面性的阅读""同质化的阅读""单一化的阅读""浅层式的阅读"，从而走向"立体性的阅读""创意式的阅读""多元化的阅读""深度化的阅读"。在比较中发现，在比较中洞察，在比较中创生。

三、如何引导学生进行比较性阅读

比较就是要基于一定的目的对两种及以上的同类事物的某些方面进行对比，发现其异同，理解其特征及规律的过程。然而比较性阅读，则是基于阅读目的（为了更好地完成某一任务或解决某一问题），选择并确定比较的内容、范围（某一点或全面），细察其相同点与不同点，进行细致观察及对比，寻求相同的本质及不同的特征。在实际教学过程中，我们的比较性阅读时常只有一个任务或问题，比如"比较分数与小数的异同""比较两段话在表达上的异同"……教师对于比较性阅读的程序与步骤基本上没有提示与说明，学生基本上是凭感觉进行比较性阅读。大多数学生比较所得比较零散，比较表层，比较含糊。如何有效地引导学生掌握比较性阅读策略呢？

例如，翁秀萍校长在《"比较类"课后思考练习题的类型分析与教学建议——以统编版小学语文中年级下册教材为例》一文中提出，理解内容是阅读文本、进入文本的前提，只有理解内容才能感受形象、体会情思及表达。内容比较类课后思考练习题就是要引导学生整体、深入理解课文内容。内容比较类课后思考练习题教学要引导学生首先整体感知课文内容，其次针对"比较点"进行细读，联系上下文提取准确信息，最后进行比较关联，深入理解文本内容。

统编版小学语文三年级下册《剃头大师》一课的课后习题一是："说

说老剃头师傅和'我'给小沙剃头的过程有什么不同。"这道习题指向"文本内容的比较",日常教学中,教学程序普遍如下。

（1）出示课堂阅读学习任务：说说老剃头师傅和"我"给小沙剃头的过程有什么不同。

（2）自由读课文，找出课文中描写老剃头师傅和"我"给小沙剃头的语句，说说从句子中体会到了什么。

（3）全班交流找出的句子和具体的体会，对比二者的不同。

（4）老师总结。

课堂上，孩子们通过文本阅读、发现理解、体会交流、对比总结等学习步骤，以达成对文本内容的比较学习。整个教学流程完整，阅读、思考、交流表达等学习行为一应俱有，最终也确实通过交流完成了比较学习，学习任务顺利完成。但认真观察，整个比较学习的过程基本是在学生随机发现、表达交流的基础上进行的，学生在整个比较学习的过程中缺少思维的有效参与。课堂上学习者有思维参与的学习行为是需要借助一定的思维工具来完成的，教师需要为学习者提供辅助的思维整理工具来帮助其进行有效的对比整理。这个思维工具就是切合文本内容的对比表格，教师可让学生根据表格对文本中老剃头师傅和"我"给小沙剃头的整个过程进行梳理。有了表格的辅助，学生对文本的对比学习就避免了零散无序和随意性，在填写表格的过程中，学生自然而然完成了对文本内容的有序整理，有思维含量的对比体会就水到渠成了。

基于此，教学程序可调整如下：

（1）出示课堂阅读学习任务：说说老剃头师傅和"我"给小沙剃头的过程有什么不同。

（2）自由读课文，找出课文中描写老剃头师傅和"我"给小沙剃头的语句，完成表格6-2。

表 6-2　老剃头师傅和"我"给小沙剃头的比较

人物	特点	工作状态	剃头工具	过程	小沙配合情况	后果

（3）根据表格，小组内进行交流。

（4）全班交流，总结。

在引导学生进行比较得出结论之后，再次让学生回顾整个比较的过程：确定比较任务，细化比较维度，阅读思考比较，交流分享。

根据布卢姆"识记、理解、运用、分析、综合、创造"六个认知水平来分析，提供表格整理再进行对比的学习过程指向分析和综合层次，这样的文本阅读行为就有了思维的参与，对学生核心素养的形成有良好的促进作用。

学生理解了比较，但在对内容进行比较时，为他们提供可以遵循的步骤显得非常重要。应遵循什么步骤呢？（1）选择想要比较的项目。（2）选择进行比较所依据的项目特征。（3）根据选定的特征，解释这些项目的相同点与不同点。我们可以用更简单的语言向低年级学生表述比较的过程：（1）我想要比较什么？（2）我想要比较的东西怎么样？（3）它们的相同点和不同点又是什么？只有掌握了比较性阅读策略的方法与程序，才能在比较中同中求异、异中求同，从差异中提出问题，从而取得分析矛盾的切入点。在此基础上获得更深刻的理解，为迁移运用及改进创造奠定良好的基础。

第六节　批判性阅读策略指导

一、什么是批判性阅读

燕园三老之一的张中行先生曾读罗素的《怀疑论集》，其中有这样一个片段：打败拿破仑是谁的功劳呢？英国的教科书认为功劳都是英国的，而德国的教科书认为功劳都是德国的。那怎么办？罗素先生主张把这两种教科书都给学生看。有人担心学生将不知所措，罗素说，能够教得学生不信，就成功了。罗素的意思是，能引发学生的思考与批判，这就是教学的成功。其中就蕴含着批判性思维与批判性阅读。

什么是批判性阅读呢？当代著名教育家斯蒂芬·D.布鲁克菲尔德在《批判性思维教与学：帮助学生质疑假设的方法和工具》一书中给"批判思维"下定义时，强调其为一种确保我们的假设合理，能准确引导我们的行动实现预期效果的习惯。他同时认为，"批判性思维"包含"发现假设，检验假设，多角度看问题，做出明智的行动"等复合思考的过程。林崇德教授认为，批判性思维意指严密的、全面的、有自我反省的思维。我们认为批判性思维是调动智慧，运用丰富的信息对事物进行全面、客观、深入、细致、周密的观察、思考并做出推断的过程；而批判性阅读则是指调动智慧，运用丰富的信息对文本（阅读对象）进行全面、客观、深入、细致、周密的研读、思考并做出推断的过程。

二、为什么要强调批判性阅读

阅读的本质就是阅读者与阅读对象深刻对话的过程，在这一过程中，阅读者理解文本，建构意义，发现创造。从这个角度讲，只要是深度阅读必然就是批判性阅读。强调批判性阅读旨在回归阅读的本质。同时，强调批判性阅读还意味着：只有批判性阅读才能培养批判性思维，才能培养创造精神与能力；只有批判性阅读才能激发阅读者的主体精神，才能促进阅读者进行深度学习；在既有的教育教学活动中，以"灌输式""传递式"教学为主，培养出来的学生无法应对21世纪社会的变革。批判性思维是构成"21世纪型能力"的核心要素。批判性思维教学为21世纪学校教育的转型注入了不可或缺的"催化剂"与"抗毒素"。

三、如何引导学生进行批判性阅读

批判性阅读，就是摒弃亦步亦趋、全盘接收的阅读态度，运用自己的眼光、智慧来审视文本，阅读的视角与态度要"从仰望到平视再到俯视"。叶圣陶提出"读书的三种态度"：一是批判的态度；二是绝对信从的态度；三是随随便便，用于装饰的态度。他认为，不要盲从"开卷有益"的成语，也不要相信"为读书而读书"的迂谈。要使书为你自己所用，不要让你自己去做书的奴隶。那么，如何进行批判性阅读指导，使学生成为书籍的主人呢？

（一）批判性阅读要引导学生寻找文本的"缝隙"

乌申斯基说过："书籍对人类原有很大意义……但书籍不仅对那些不会读书的人毫无用处，就是对那些机械地读完书却不会从死的文字中引出活的思想的人，也是无用的。"如果我们对着书本服服帖帖、亦步亦趋、盲目崇信，那么还不如不阅读。书的意义在于引导读者通过自己的生活体验、智慧、阅历及思考来反思、审视其内在的真实性及有用性如何。引发我们思考文本中哪些观点是正确的，哪些观点是不正确的，我们应该怎么做……在课堂教学中，教师要鼓励学生敢于从自身出发来探求知识与文本的不足，进行思维的挑战与获得智慧的增长。

比如，在学习《挑山工》这一课时，有一名学生提出，文章中作者比较游客与挑山工的速度是不科学的。这一观点一亮出来，全班同学都笑他："为什么游客与挑山工不能比速度啊？"……老师则示意大家安静，并联系自己的生活经验在小组内讨论这名同学讲的是不是有道理。学生开始交流，有的学生说："对啊，旅游可不能赶时间，我们走得太快了，爸爸妈妈还会经常提醒我们'慢慢走啊，欣赏一下美景'……""对，旅游得慢慢欣赏，而挑山工则要挑东西上山，不仅要稳，还要快……""所以，很显然不用比就知道，挑山工走得快啊！"……老师问学生："那么，你从游客与挑山工上山的速度中悟出了什么道理呢？"学生七嘴八舌地说："当我们需要休闲时就要漫不经心，当我们需要工作时就要步步踩实……"这与作者的感悟完全不一样了——"作者认为我们需要的是步步踩实的精神"。

确实，文本就是如哲学家伽达默尔所说：它总是对向它询问的人给出新的答案，并向回答它问题的人提出新的问题。理解一个文本就是使自己在某种对话中理解自己。我们要逐渐培养学生以对待自己和同伴的"作文"的态度那样去对待文本情境，对其进行推敲，甚至努力寻找文本的"缝隙"与"笔误"，战胜文本，发展学生的解读力与思维力。否则我们培养出来的学生永远只能"人云亦云"，处于"矮子看戏何曾见，只是随人道长短"的状态中。

（二）批判性阅读要引导学生重审"新的可能"

世界只有开端，没有结局。阅读只有起点，没有终点——每一次的阅读都是新的起点，都会有新的发现，即便是阅读同一本书、同一文本、同一材料。在实际的阅读及教学过程中，我们倾向于直接寻求"结论"，甚至直接"传输"结论。批判性阅读则鼓励我们在众所皆知的"观点""结论""思想"的基础上，发现"新的可能"，重审"新的可能"，摸索新的思维方式，探索新的发现。

例如，张齐华老师在《批判性思维：儿童数学学习的"关键素养"》中写道，在《三角形的内角和》一课中，学生通过测量发现，无论怎样的三角形,其内角和都在180度左右,进而给出"三角形的内角和都是180度"的结论。教师没有止步于此,而是引导学生重新回到实验数据,并展开讨论——

师:你们确定三角形的内角和真的都是180度吗?为什么?

生:因为我们的测量数据都在180度左右,所以三角形的内角和就是180度。

生:因为数学书上给出的结论也是180度。

师:数学书上给出的结论一定是正确的吗?如果书上的结论就是正确的,我们为什么还要做实验呢?请大家看一看我们刚才的测量结果,你有什么问题吗?(学生稍事思考,陆续举手)

生:我发现,我们刚才测量的数据中只有一个在180度以上,剩下的几个都是在180度以下。那么,会不会三角形的内角和不是180度,而是179度呢?我看了一下,这些结果的确都在179度左右。

生:虽然我确信三角形的内角和就是180度,但是的确,我们通过这些数据,并不能得出三角形的内角和是180度。充其量,我们只能说,三角形的内角和在180度左右。

生:是的,我觉得实验总是有误差的。要想确认三角形的内角和究竟是多少度,我们还需要找到新的方法。

上述教学中,原本已经显而易见的论点在教师的刻意引导下展露出新的可能性,学生的思维也在这一过程中一点点地打开。毋庸置疑,最终的结论还会回到"三角形的内角和是180度"上。但是,这样的质疑和思辨,恰恰给学生做出了良好的示范,也给他们的批判性思维播下了种子。

(三) 批判性阅读要引导学生经历"思维过程"

批判性阅读有时是"灵光一闪",是阅读过程中瞬间迸发出的"火花",如果没有点燃"火花",将之化为"星星之火",再化为"熊熊烈火",那么,火花便会瞬间熄灭,沉入黑暗。要想让学生的心智通过批判性阅读产生深刻的变化,就必须引导学生在阅读中经历批判性思维的过程。正如艾德勒和范多伦在《如何阅读一本书》中认为的,"最能学习的读者,也就是最能批评的读者"。批判性阅读有三种评论立场,分别是"我同意""我不同意""暂缓评论"。无论是哪种立场,读者都必须花力气来证明自己的判断。其中批评作者观点的标准如下:(1)证明作者的知识不足。(2)证明作者的知识错误。(3)证明作者的观点不合逻辑。(4)证明作者的分析与理由是不完整的……不管是基于哪一种立场,教师都要引导学生经历阅读、思考、论证的过程。

比如,黄玉峰老师在《兰亭序》一文的教学中讲道,教参里说这篇文章是写宴饮之乐,表达作者积极进取、洒脱豁达的人生观。但对此他不急于下结论,而是和学生一起研读了王羲之当时第一手的书函。一条一条地读,可以看出王羲之后期几乎每一封信上都有"奈何奈何"的句子,不时出现亲人朋友横死的消息。再看当时的时代背景,于是学生得出大体的结论:《兰亭序》的背景本质上是"悲"而不是"乐"。"信可乐也"只是在悲中作乐。得出这个结论后,对理解后文关于生命长短的考问十分重要。最终他和学生得出的结论是,文本让我们看见的不是一个洒脱豁达的形象,而是一个在生命的长短、有价值和无意义之中痛苦挣扎的灵魂。如果不先把第一手资料看明白,后人的争论、专家学者互相矛盾的高见只能把人越绕越糊涂。在这样的一个过程中,我们清晰地看到了黄玉峰老师如何引导学生进行批判性阅读。首先,面对已有的结论、普遍的共识或权威(如教参、专家、教科书等)的说法不盲目迷信,而是保持着开放性的怀疑;其次,构思其重新研究过程,进行实证研究,即通过王羲之第一手书函进行研读探究;再次,得出自己的初步判断;最后,与原先的结论进行对照比较得出探究的结论。这里教师引导学生进行有序、有法、有理、有据的探究的过程,让他们经历了完整的批判性阅读的过程,对学生的阅读理解能力及思维品质的提升起到了极其重要的作用。

批判性阅读,不是"主观臆断"地固执己见,也不是"毫无原则"地针锋相对,而是怀着对"伟大事物"的虔诚、敬畏之心,秉持一种"开放的心态",在真理、自我、知识、世界面前,谦逊、完全地敞开心扉。批判性阅读,就是要秉持着"理性、谦逊、公正、诚实、开放"的态度与精神,从而获得新知与新我。

第七章
全学科阅读的学科策略指导

邻居家的孩子上九年级,理科学得比较好,可是期中考试时每个学科都考得不怎么样。家长问他为什么连最拿手的数理化都不行,他辩解道:"最后几道题题目看不懂,题目读得懂就会做。"孩子向各学科老师求助,数学老师说,阅读理解能力比较差,要找语文老师解决;物理老师说,题目读不懂,要提高阅读理解能力,要找语文老师;化学老师说,题目不理解,要找语文老师;政治老师说,概括能力比较差,要找语文老师;英语老师说,阅读理解力不好,要找语文老师……兜了一圈,真有点儿"得语文者得天下"的架势。

这个现象就说明了人们对阅读存在根深蒂固的误解——认为阅读及阅读理解是语文学科的事,与其他学科关联不大甚至是毫无关系。其实,各个学科都有各个学科的研究内容及领域,都有属于各个学科特有的表达结构与语言符号。语文确实很重要,语文教学对于全学科阅读确实也很重要,但各学科都需要培养各学科的阅读与理解能力,语文老师不能"包治百病""包打天下"。

在莆田市一次全学科阅读教师培训活动中,语文教学理论研究专家王荣生教授讲述阅读的原理与策略。在互动研讨时,有位高中地理老师向王教授请教在地理阅读中如何引导学生更好地读地图的问题。王教授回答说,地理地图阅读是学科专业阅读,他不太清楚,这个问题应该请教地理学家。另一位高中历史老师向王教授请教历史阅读中如何进行批判性阅读的问题,王教授稍作回答,然后同样强调要请教历史学家。在他看来,学科阅读除了有"阅读"的共性之外,更多的是有着"学科"的特性,而往往是学科特性决定着学科阅读的质量与深度。戴维·珀金斯认为,不同的学科、不同的专业领域,甚至在不同的文化、在某种程度上都需要独特的"认知方式"。也就是说,不同的学科在某种程度上需要不同的认知方式,不同的学科在某种程度上需要不同的阅读方式。

已有研究表明,通用学习策略难以提高学生的学科成绩,需要有一定的过渡桥梁,学生才能将通用学习策略运用到学科学习里,但学生自己是难以建立这个桥梁的。因此,只掌握通用学习策略,学生难以自动迁移到具体的学科学习中,难以提高学习成绩。学科学习策略直接与学科知识相联系,因此学科学习策略的训练可直接帮助学习者提高学习成绩。该结论已得到大量研究证实。所以,每个学科阅读除了需要一些通识的阅读策略之外,还需要属于该学科特性的阅读策略。也就是说,需要通识阅读策略与学科阅读策略的综合与融通,唯有这样才能让阅读策略发挥价值与作用。

吴颖惠在《学科阅读通论》中提出,全学科阅读可以有多种分类方法,既可以按照独立学科来划分,也可以按照学生的学习领域来划分。该书按照学习领域将全学科阅读划分为六个具体类别,分别是语言与文学阅读、人文与社会阅读、数学与思维阅读、科学与技术阅读、艺术与审美阅读、体育与健康阅读,并且从六个类别来研究具有学科特性的阅读策略及指导。我们选取了小学课程安排中的科目并提供一些学科性阅读策略供大家参阅与思考,具体包含语文学科阅读策略指导、数学学科阅读策略指导、英语学科阅读策略指导、科学学科阅读策略指导等。

第一节　小学语文阅读策略指导

一、想象性阅读策略指导

一谈起"想象",大家不由自主地想起了"思接千载,视通万里"的描述。想象可以超越时空,自由翱翔;想象可以让枯萎的鲜花重新绽放芬芳;想象可以上天揽月、入海骑鲸……"想象"在《现代汉语词典(第7版)》中的释义是,"对于不在眼前的事物想出它的具体形象;设想"。心理学上认为,想象是对头脑中已有的表象进行加工改造,形成新形象的过程。这是一种高级的认识活动。形象性和新颖性是想象活动的基本特点。想象性阅读指的是阅读者在阅读(尤其是文学阅读)时,调动全身心的感官与文本对话,用自己的经验、情感、思维及已有的表象等激活、丰富文本中描绘的情景并获得审美体验的过程。

苏珊·齐默尔曼、克莉丝·哈钦斯在《阅读的7项核心技能》中举例说,一位有着4个孩子的母亲回顾她上高中时被逼着看书的经历时称,她很讨厌老师布置的阅读作业,特别是小说和诗,后来她才意识到其原因是她在阅读中没有看到画面,只是看到一堆无聊的文字。直到上大学时,有一次,她读《了不起的盖茨比》时,忽然就看到了铺天盖地的画面……她说如果没有这一次感受,她都不知道阅读应该有信息可视化的过程。还有一位叫凯特的优秀教师曾讲述了她第一次参加读书会的情景,读的是《廊桥遗梦》,很多人都在描述他们脑海中看到了很多画面,而她一幅画面都没看到……她不相信翻开书会在脑海中看到画面,所以交流过程中她一言不发。后来,她明白"阅读时若无法构建感官图像,大脑可能只是一片空白"。简单地说,没有建立图像感,缺乏对文本的想象,就很难有真正的理解与体验。

在文学阅读过程中，如果没有想象，一切都索然乏味。文学阅读是用想象的方式创造丰富的想象世界，是在想象的世界中获得沉醉与欣悦的活动。文学审美的过程包含着感受理解、想象、情感几个要素，而其中"想象"最为重要。在《义务教育语文课程标准（2022年版）》中，"想象"一词多次出现。在总目标中强调"发展联想和想象，激发创造潜能"，而文学阅读与创意表达任务群中则提出，"通过整体感知、联想想象，感受文学语言和形象的独特魅力"。在统编版小学语文教材中有不少选文是属于文学类文本，而在"单元语文要素"中涉及"想象"的单元有多个。

教师在教学想象性阅读策略的过程中，在引导学生运用时存在一些误解、误读、误会，从而导致误用的情况。常见的问题如下：一是干瘪枯瘦。学生的想象基本上就是将某句话或某段话主要的词重复一下或概括主要内容，没有加入自己任何的生活与情感体验等。二是放任漫游。师生们认为想象就是要大胆，大胆就是随心所欲，忽略文本，抛开文本，借题发挥，"如平原放马"，纵横奔腾，天上地上，开口万言，离题万里。三是碎片零散。学生在想象时缺失整体感与过程感，基本上是抓住文本中的某个言辞说些碎片式零散的感受与想法。四是全无章法。在我们的课堂中，到底怎么来想象，基本上是没有方法指导的，大家的共识就是想象就靠大家大胆自由猜想，爱怎么想就怎么想。缺乏方向感与程序感的"想象"，往往是盲目及无果的。

如何从"想象"的盲区与误区中脱身而出，让学生学会并运用想象性阅读策略，丰富学生对文本的理解与体验，培养学生丰富的想象力呢？我曾经和郑玉贞校长一起打磨五年级《四季之美》第一课时中关于"想象画面，体会美感"的教学环节，其教学片段如下：

1. 出示读思达活动。

选一个你最喜欢的自然段，认真读读，说说美在哪里，你仿佛看到怎样的画面，从中体会到作者怎样的情思。先自己完成，再和同桌交流。（时

间:约5分钟)

学法提示:(1)想象画面。(2)结合自己的体验。(3)朗读体会。

回答句式建议:我最喜欢(　　)自然段,我觉得它美在(　　),我仿佛看到了(　　),从这里我能体会到作者(　　)的情思。

2.学生自学。

3.组织交流。

聚焦学生交流的某一个自然段展开想象法、体会情感和朗读体验法的教学。

(1)想象画面理程序。

根据学生回答相机出示某一个自然段。

生1:我喜欢描写夏天的这个自然段,我觉得它美在萤火虫很可爱,夏天看着萤火虫真是太有意思了。不管是漆黑漆黑的夜晚,还是下着蒙蒙细雨的夜晚,都很有意思。我仿佛看到了无数的萤火虫在翩翩起舞,忽上忽下。从这里,可以看出作者非常闲适的心情。

师:这是你的想象和体会,有跟他喜欢同一个自然段的吗?你有补充吗?

生2:蒙蒙细雨的时候,萤火虫特别少,才一只两只。但是作者也觉得很着迷。可以看出作者是一个人在看,但是很享受一个人的时光。

师:哦哦,漆黑漆黑的暗夜和蒙蒙细雨的夜晚,作者的情思看来也不一样哦。那我们怎么想象,能更深切地抵达作者想要表达的情境呢?

郑老师读到"漆黑漆黑的夜晚,也有无数的萤火虫在翩翩起舞"这句话时,我的脑海里就浮现这样的画面:漆黑漆黑的暗夜,没有明月的朗照,没有星星的闪耀——白天的热闹消失了,而燥热还没退去。一个女子站在窗前,望着深深的暗夜,百无聊赖。突然不知道从哪里冒出来无数的微弱的光点,像闪烁着的星星,是萤火虫!它们忽上忽下地飞舞,一会儿聚在一起,一会儿又散开飞去,似乎在玩一个有趣的游戏。女子的心一下子明亮了起来！正出神地望着，萤火虫飞到了她的眼前，她不禁伸出双手，几只萤火虫轻轻穿过她的指尖，她的心一下子柔软起来，似乎也被萤火虫轻轻抚过……随即，萤火虫又相约着飞到东飞到西，多么自由快乐的萤火虫呀，她的心也不禁欣欣然起来……

师：同学们，发现了吗？老师想象的跟你们有什么不一样？

生：多了……

教师根据学生的回答，逐渐引导学生完善想象程序。

最终师生逐渐梳理出想象程序：a.建构方位；b.浮现景物；c.景物联系；d.融入经验（形、声、色、味、觉）；e.增加场景；f.赋予感受。

（2）再次读读老师的想象，好好体会，记下想象程序。

（3）请一名同学再来说说我们想象的程序是怎样的。

（4）运用这个方法，大家一起想象这一段中的另外两个场景——"明亮的月夜固然美""即使是蒙蒙细雨的夜晚……"先自己说说，记下想象用到的关键词，再跟同桌说一说。

课件出示：

运用写景想象画面的方法、程序，想象"夏天夜晚"的另外两个场景，说说你仿佛看到了怎样的画面。先自己说，记下想象用到的关键词，再跟同桌说一说："明亮的月夜固然美……""即使是……"

想象画面操作量化表见表7-1。

表7-1 想象画面操作量化表

方法、标准	量化	总得★数
1.建构方位	★	
2.浮现景物	★	
3.景物联系	★★	
4.融入经验（形、声、色、味、觉）	★★★	
5.增加场景	★★★	
6.赋予感受	★★★	

（5）再次组织交流，评价。

在这一教学片段中，我们可以清晰地看到教师引导学生学习与运用想象性阅读策略的过程。教师先是引导学生按照常规的教学进行想象，学生交流的想象的场景基本上是复述文本中的一些言语，或抓住一两个词来说简单的感受，根本谈不上有什么想象元素与成分。然后教师示范想象策略，让学生从对比中领悟想象阅读策略的方法与程序，接着让学生运用新学习的想象阅读策略并结合"想象画面操作量化表"来练习与迁移想象其他两个场景，然后进行交流反馈。这样的想象阅读策略紧紧围绕文本情境，联系阅读者的生活经验与情感体验，做到有理解、有方向、有程序、有标准、有反馈，从悟法到练法再到用法，真正让文学阅读成为"被引导的梦想与想象"。

二、"体会人物情感"阅读策略指导

"体会"一词出自《朱子语类》，意思是体验领会。体验，当以身体力行方能有通感；领会，定以全心参与才能有神会。作为深度学习语文的一个策略，"体会"在统编版小学语文12册教材和《义务教育语文课程标准（2022年版）》中频繁出现。

综观其中关于"体会"的学习任务与要求，大约可分为两类：一类为体会作者或作品人物情感品质，另一类为体会语言文字形式的表达。可见，"体会"在语文学习中，同时指向了阅读与习作，在感受语言文字的魅力、发展语言思维和运用能力上，"体会"不可或缺。

然而，在大量的课堂观察中，教师对"体会"这一学习策略没有系统的探究和建构，常感慨"体会情感"类的学习"只可意会不可言传"，在教学中大多匆匆带过，或标签式地贴上或"悲痛"或"高兴"之类的情感词而了之。以什么为联结点，如何体会、"看见"感性复杂的情感、品质，并能表达，语文老师困之已久。

统编版小学语文五年级下册第四单元《青山处处埋忠骨》，课后思考

题是:从课文中找出描写毛主席动作、语言、神态的语句,体会他的内心世界,再有感情地朗读课文。老师一般聚焦这一自然段:

从见到这封电报起,毛主席整整一天没说一句话,只是一支接着一支地吸着烟。桌子上的饭菜已经热了几次。岸英是毛主席最心爱的长子,毛主席在他身上倾注了无限的父爱。当年,地下党的同志们冒着生命危险找到了岸英,把他送到毛主席身边。后来岸英去苏联留学,回国后毛主席又亲自把爱子送到农村锻炼。那一次次的分离,岸英不都平平安安回到自己的身边来了吗?这次怎么会……"岸英!岸英!"毛主席用食指按着紧锁的眉头,情不自禁地喃喃着。

大多数老师传统的教法是:默读课文,画出描写毛主席动作、语言、神态的语句,说说从中体会到毛主席怎样的心情,再有感情地朗读。

默读—交流—朗读,这就是"体会人物心情"的标配流程。事实是即便老师不教,五年级下学期的学生也能顺利按要求画出语句,能脱口而出"毛主席的心情是非常悲痛的";有感情地朗读也被默认为用低沉的语调读。这样的教学能有"体验领会"之感吗?学生的身心是否参与了其中的学习?但凡有过类似经历的人都明白此时的"悲痛"是复杂、彻底的,那么我们教学的价值就是引领学生有策略有方法地去"体会"复杂、深刻、细腻的情感。

基于此,备课时,我们设计了预学活动,要求学生:(1)阅读有关毛泽东和毛岸英的故事。(2)回忆自己或采访父母痛失亲人时的情景和感受,并写下来。(3)回顾体会人物心情的方法有哪些。又让备课组老师各自写一篇有类似情感体验的下水片段,并梳理出自己的思维过程。郑丽丽老师写的一篇下水文特别感人,我们把它定为例文:

堂哥吼道:"你妈没了,你们怎么还不把她送到祠堂?"什么?我的脑子"轰"一下炸开了,妈妈不是还和我说着话?我不是还在帮她揉肚子?"妈,妈,你睁开眼睛,你应我一声。妈,妈——"但是,我再也得不到你的回应了，眼泪不受控制地往下掉。

犹记得我八岁时的一个早晨，你又要出门打工，家门口，我和妹妹拉着你粗布格子的衣袖，一遍又一遍地央求你别走。你安慰我们："乖乖在家，妈妈春节就回来。"可是亲爱的妈妈，这一次，你还能回来吗？

上四年级那年除夕，我和妹妹焦急地等待春节的新衣。那天下午，你忙完之后拉着我和妹妹就往空荡荡的大街上跑，在零星开着的几家店里给我们挑新衣，你对我们满含愧疚："今年太忙，没时间。明年我们早点儿去买，给你们好好挑漂亮衣服！"可是，妈妈，我们当时怎么不懂让你也给自己挑身好看的衣裳呢？

曾无数次幻想着你五十大寿的那天，我们每个女儿要挑一担高高的寿礼回娘家。我们要让你所受的苦有最甜蜜的回报，我能想象你穿着女儿买的新红大衣，看着你的女儿们笑得合不拢嘴，眼角的鱼尾纹上跳跃着满满的幸福。可是，可是，我亲爱的妈妈，女儿这个愿望还能实现吗？女儿的孝心你还能享受得到吗？你为什么不回答，你怎么可以就这样离我们而去……

通过分析例文，我们梳理了"多时空事件闪现，事件场景化、形象化，多情感交织"这一联系生活体会人物内心世界的策略。

在实际教学中，老师检查预学、了解学生学习起点后进入核心问题学习，组织学生经历了"自己阅读体会—范例剖析得法—再读深入体会—对标代入升华"四个层次的学习。

第一，让学生默读课文第一部分内容，找出描写毛主席动作、语言、神态的语句，体会他的内心活动，和小组成员交流。

第二，在学生初步直觉体会"悲痛"心情之后，老师出示例文（下水文），让学生通过对比范例和自己预学时写的片段，从不同处梳理出联系生活"体会人物内心"的策略方法（如上）。

第三，让学生带着策略再次默读文本，体会人物的内心世界。如下：

读思达活动:默读课文第一部分内容,找出描写毛主席动作、语言、神态的语句,体会他的内心活动。写一写关键词,和小组成员交流。(时间:约4分钟。学法提示:①联系生活;②联系上下文;③联系资料;④代入想象;⑤有感情地朗读)

第四,再读课文,对照量规(见表7-2),升华体验表达。

表7-2 量规

方法、标准	量化	评星
多时空事件闪现(过去、现在、将来)	☆	
事件场景化、形象化	☆	
多情感交织	☆	

再读课文第4自然段,抓住描写毛主席动作、语言、神态的语句,深入体会主席的内心活动。用关键词填写下表(见表7-3),以第一人称的角度,和同桌互说,再试着有感情地朗读课文。(时间:约6分钟)

表7-3 "体会人物内心"的策略方法

多时空事件闪现	事件场景化、形象化	多情感交织

我们欣喜地看到,范例犹如思维的密钥,一下子破解了孩子们联结生活与文本的密码,孩子真正理解并应用了"联系生活体会内心"的策略与方法。一名同学这样表述他所体会到的:

这是真的吗?不,怎么可能呢!

我刚刚在缭绕的烟里,分明看到了小时候的岸英,那么活泼,那么可爱,留着短短的头发,穿一身改小的绿军装,从远处跳着笑着跑到我怀里来，还跟我说长大了他也要打鬼子去。这就没了吗？这是真的吗？

还记得岸英和思齐结婚那一天，他既兴奋又羞涩，一天都抑制不住地笑，终于要有个男人的担当了，要真正自己成立一个家了，我看着他们也开心坏了。那笑声犹在耳畔，那笑容就在眼前，而今天，岸英，岸英真的再也回不来了吗？该怎么跟思齐说？他还欠着思齐的情呢，怎么能这样就走了……

自从他们结婚后，我就盼着当爷爷！我想他们一定会很快生一对可爱的儿女，我工作累的时候，小家伙就会调皮地跑来跟我捉迷藏，甚至摆弄案上的纸墨，岸英要是知道了，一定免不了呵斥小家伙吧。我就盼着能跟孙儿们在一起的美好时光，岸英小时候没有得到的父爱，我一定加倍补到孙儿身上……可是，现在，现在，岸英，岸英，你在哪里？你能听到爸爸的呼唤吗？我让你出去，是错了吗？

……

课堂上，我们听着孩子们的分享，大家都沉浸在主席失去爱子的深深悲痛之中，不少孩子甚至听课的老师都悄悄抹着眼角的泪花，我们共情在孩子们所体会到的细腻的内心世界里，此刻，每个人心底都勾起了类似的生活情感体验，小如五年级的孩子，他也能体会到伟人平凡真实的内心感受。

（文：郑玉贞）

三、推论性阅读策略指导

优秀的作家在写作时是不会把所有的思想或观点都直接明确地表达出来的，而是或多或少地用一种隐含的方式来表达。要理解作者的意图，从字面阅读到深层阅读，需要读者的推理，从字词中寻找意义线索，挖掘字面的隐含意义，推测作者隐含的意图和态度，这就是推论性阅读。推论的本质是深刻理解文本，解释所阅读的内容，并判断和下结论，是超越文本的。读者的大脑并不是简单地、机械地浏览作者的文字，而是找到上下文的联结点，提出疑问和思考；读者还会进行预测，猜测接下来将发生什么。如此，故事场景在读者大脑里更加清晰，读者还能在语境下猜测出生词，对单词的理解更深刻，读出字里行间所蕴含的意思。

推论是阅读素养的核心能力。《义务教育语文课程标准（2022年版）》"思辨性阅读表达"任务群里明确强调"引导学生基于阅读和生活实际，开展研讨等活动，表达要观点鲜明、证据充分、合乎逻辑"。因此在小学语文阅读教学中要经常使用推论性阅读策略。推论和提问密切相关，在推论之前要提炼好推论性问题。

推论性阅读所要探究的是推论性问题，这种问题不能直接从文本里找到答案，答案在阅读者自己的头脑里，必须经过对文本的深入学习与思考才能获得。因此在进行推论性阅读之前，要先提炼推论性问题，再进行推测。推测时要借助文本线索和自己已有的知识经验。例如，许元坤老师执教统编版小学语文六年级上册《少年闰土》一课时，引导学生"推测最吸引童年鲁迅的闰土形象，体会作者表达的情感"，其教学片段如下：

师：通过刚才的学习，我们知道鲁迅从记忆中的闰土、初次相识的闰土、给"我"讲新鲜事的闰土这三部分来表现闰土"身手敏捷、机智勇敢、健康活泼、见多识广、聪明能干"等形象特点。

1. 出示读思达活动。

请大家再读课文，推论最吸引"我"的是少年时闰土的哪个特点，从中你能读出"我"对闰土的什么情感？

学法提示：（1）推论策略：运用已知信息＋文本线索。（2）推论步骤：根据问题，提炼观点；根据课文里的词汇、句子或段落等线索，结合自己的经验和写作背景，进行推断和猜测；围绕观点陈述。陈述的句式建议：我认为……因为……从这里我体会到作者＿＿＿＿＿＿的情感。

2. 学生自学。

3.组织交流。

（1）闰土的哪个特点最吸引"我"？

生1：我认为最吸引"我"的是月下看瓜、刺猹的身手敏捷的少年闰土，因为课文第1自然段就呈现看瓜、刺猹的画面。

生2：我反对，我认为最吸引"我"的是给"我"讲新鲜事的见多识广的少年闰土，因为开头第1自然段的月下看瓜、刺猹的画面是"我"回忆的画面，而这个画面是闰土给"我"讲新鲜事的时候告诉"我"的。

师：哦，那我们把文中两处写"月下看瓜的闰土"的内容找出来读一读，再对比分析一下。

生：我也赞同是告诉"我"新鲜事、见多识广的特点最吸引"我"，因为月下看瓜、刺猹的身手敏捷的闰土是"我"想象的画面，这个画面是"我"听闰土告诉"我"新鲜事时回忆的。因为课文第4自然段介绍，当年闰土是新年来"我"家帮工，课文最后一个自然段第一句说"可惜正月过去了，闰土须回家里去"，就是说当年闰土跟"我"只是在新年期间相处了一个月。然而月下看瓜、刺猹是在夏天，这是闰土告诉"我"的四件新鲜事里给"我"印象最深刻的一件事。

师：大家同意第二个同学的观点吗？（一致点头同意）

（2）聚焦对话，借助对比体会人物形象及"我"的内心。

课件出示：闰土给"我"讲新鲜事的课文片段，分角色朗读对话。

课件出示这个片段中五处描述"我""不知道"的内心活动，体会作者表达的情感。

师：对比"我"和闰土的语言，以及"我"的内心，你有什么发现？

生：我发现闰土见多识广，"我"孤陋寡闻，因为和闰土对话时都是闰土在说，"我"只讲了"管贼么"和"他不咬人么"两句内容很短的话，对闰土讲的事一点儿都不懂。

生：我认为"我"羡慕、向往闰土的生活，因为从课文中"只看见院子里高墙上的四角的天空"一句,我感受到作为少爷的"我"整天生活在大院里,像井底之蛙,眼界狭窄,知识贫乏,而闰土却知道许多趣事。

生:我认为少爷"我"赞美闰土见多识广。因为"阿!闰土的心里有无穷无尽的希奇的事,都是我往常的朋友所不知道的",说明少爷"我"认为闰土知道常人所不知道的事情。

(3)总结:阅读时,我们可以通过联系上下文,推测出作为少爷的"我"最羡慕见多识广的闰土。他对闰土的情感是羡慕。透过这些细节,我们就可以推测出作者的言外之意和情感,从而形成自己的观点。

(4)延展阅读:跨文本比较,形成观点。

闰土留在鲁迅心中近30年,多年后,二人相见了(出示《故乡》鲁迅与闰土重逢片段),请大家再推论作者表达的情感。

上述教学片段中展示的是推论性阅读策略的指导过程,在这个过程中,学生是在阅读过程中进行推测,推测的依据是文中的内容和自己的知识经验。通过这样的学习,学生认识到优秀的文本都蕴藏着深刻的观点和洞见,人们阅读的最终目的是获得精神的滋养和灵魂的洗礼。教师和家长要不断地引导孩子思考、分析,推论出寓意,这才是推论性阅读策略指导的本源问题。

(文:徐玉烟)

第二节　小学数学阅读策略指导

一、直观性阅读策略指导

数学是一门抽象的学科，因此，学习数学是一个循序渐进的过程。尤其是在小学阶段，学生的思维以直观形象思维为主，在数学阅读理解时，教师就需要借助由数学文字材料与表格、图形等直观图表建构起来的联系，来帮助学生形成数学抽象思维的能力。

经常听到一些学生年级越高对数学的学习兴趣越弱，其根本原因是这些孩子在面对抽象的数学内容学习时，脑子里无法建构起相应的直观图像来帮助理解。

小学生数学阅读的主要形式有符号阅读、图表阅读、文字阅读。

如何让学生在阅读抽象的文字或者图表时，能用对应的符号或者图表理解过程？这就要培养学生对符号、图表、文字阅读之间的理解与转换能力。莆田市校园阅读中心小学数学组的老师们在一起打磨人教版小学数学三年级《数学广角——集合》一课时，关于"直观性数学阅读"教学片段如下：

学校运动会开始了，学校发出通知：要求每个班级派9名同学参加跳绳比赛，8名同学参加踢毽比赛，三（1）班参加这两项比赛的可能有多少人？

师：你认为三（1）班可能有多少人参加比赛？请说明理由。

生1：我认为一共有17人，把两项参加比赛的人数加起来就是一共参加的人数。

师:一定是17人吗?

生2:我认为不一定是17人,因为也许有一个同学参加了两项比赛,那就没有17人了。

师:那上面这个问题,你能说清楚他们到底有多少人参加比赛吗?这里面蕴含着一个有趣的数学问题,也就是我们今天要探究的问题。

教师出示三(1)班参加比赛的学生名单(如图7-1所示)。

1 下面是三(1)班参加跳绳、踢毽比赛的学生名单。

跳绳	杨明	陈东	刘红	李芳	王爱华	马超	丁旭	赵军	徐强
踢毽	刘红	于丽	周晓	杨明	朱小东	李芳	陶伟	卢强	

参加这两项比赛的共有多少人?

图7-1

师:现在你能知道三(1)班参加这两项比赛的人有多少了吗?

生:里面有3名学生参加了两项比赛,重复出现的学生算了2遍,所以应该比17人少,没有17人。

师:要想把一共有多少人参加比赛说清楚,看来表格的信息比文字更直观。但我看还是有许多同学不能理解到底有几名同学参加比赛,看来这个表格里的名单还可以再整理得清楚一些。

出示"读思达活动一":

阅读:认真阅读教材第104页例题1的内容。

思考:要怎么整理才能更清楚地说明参加比赛的人数是多少?

表达:在小组内交流你整理的方法。

(教师给每一小组提供几种空的表格,以及参加比赛的学生名单)

(1)学生自学。

(2)小组交流。

教师根据学生的回答,整理思路。

生1:我先将两组参加比赛的学生名单中重复的名字筛选出来归为一

组，然后把不重复的名字单独列出。统计时，重复的名字只算一次，如此一来，很快就能统计出总人数为14人。

师：这组同学确实厉害，把重复的整理在一起，就能发现有3个是重复的，一下子就能直接数出来一共有多少人参加比赛。这是个方法。还有其他方法吗？

生2：我没有整理表格，直接把上下两组同学中名字重复的用线连起来，两个变成一个，就能发现有3个是重复的，这样也能一下子数出来。

师：哦，这组同学用连线的方法，也很快数出来一共有多少人。还有吗？

师：这两组同学不管是用表格，还是用连线的方法重新整理，其实都是在找什么？

生3：他们都在找两组名单里重复的名字。

师：对的，上课之前的那个问题，就是我们不知道三(1)班的具体名单里有哪几名同学，里面是否有重复的，所以一直都说不明白到底有多少人参加比赛。当我们有了具体的名单后，就能比较清楚地看出参加比赛的人数。刚才通过再整理，把"重复"的学生名单找出来后，大家一下子就能说清楚到底有多少人参加比赛。看来，在我们遇到文字描述不清楚的情况时，需要借助具体的表格或者连线的方法，来帮助我们更好地描述。那这两项比赛都参加的(重复的)同学名单应该怎么写才更简便呢？

出示"读思达活动二"：

阅读：观察以上整理好的名单，把名单填写在老师给的集合图中。

思考：在集合图里填写的每一份名单表示什么？

表达：在小组内交流你的思考。

再次组织交流时，先引导学生不断理解集合图里每一份名单对应的具体内涵。这样就凸显了直观的"韦恩图"能更清晰地表达"重复"部分的内容的优点。在充分理解的基础上，再次回归课前问题，三(1)班可能有多少人参加比赛？利用课前问题，学生再次理解参加的总人数与重复的总人数相关，重复人数可能是1人，也可能是8人，最后真正理解参加比赛的总人数的区间为9～17人。这样基于文字、表格、图形之间的不断切换的阅读与理解，让抽象的数学材料在直观性阅读中建构联系，实现真正意义上的理解性数学阅读。

（文：谢智孟）

二、关联性阅读策略指导

"关联"一词出自《尉缭子·将理》。"关联"的意思是事物相互之间发生牵连和影响。数学阅读是学生对数学信息进行认读与筛选、关联与分析的过程。现行小学数学阅读题材，内容形式多样，有些信息较为琐碎且隐蔽，学生难以理解。关联性阅读策略的核心是对数学信息的处理，如指导学生学会联系已有知识经验，理顺信息与信息、信息与问题之间的关系；在与文本互动、经验互动、思维互动的过程中分析问题，提升解决问题的能力。

例如，阅读有关小学数学三年级上册《毫米、分米的认识》的一道习题（如图7-2所示）时，学生通常会按照平时的观察习惯从上到下、从左往右地获取数学信息，用直尺测量甲长方体、乙长方体、黑色长方体的高度，但都不是从0刻度开始测量。

显然，这种阅读方式所获取的信息呈碎片化样态，对于学生理解与解决问题的作用不大。对此，

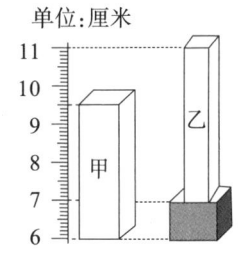

图7-2

教师应引导学生采取关联性阅读策略，把无序的、碎片化的信息进行数学化重组，既能夯实学生数学观察、数学思考的基础，又能锻炼学生分析和解决问题的能力，使其掌握关联性阅读的步骤与方法。下面是具体步骤。

第一步，引导学生建立已有认知经验与图中信息的联系。教师要唤醒学生已有的认知经验，使之与图中信息相结合，促使学生将零散的信息转化为一个有条理的整体。比如，教师通过问题——"图中讲什么？如何

把图中呈现的信息讲明白？"引导学生结合已有的认知经验，将图中的信息进行有序化描述：有 3 个长方体，甲长方体的底面在尺子刻度 6 厘米处，它的上面在尺子刻度 95 毫米处；乙长方体的底面在尺子刻度 7 厘米处，它的上面在尺子刻度 11 厘米处；黑色长方体底面在尺子刻度 6 厘米处，它的上面在尺子刻度 7 厘米处。

第二步，引导学生寻找信息和信息之间的关联，对信息进行再加工。图 7-2 呈现的信息不仅有显性的已知信息，还有隐藏的可知信息，调用已有的知识、经验或方法，用已知信息推出可知信息，方可逐步深入理解问题情境，获得对文本更为全面的感知。比如，教师可以让学生结合以往的加减法计算经验，从已知信息"甲长方体的底面在尺子刻度 6 厘米处，它的上面在尺子刻度 95 毫米处"，推算出"甲长方体的高度为：95 毫米 -6 厘米 =35 毫米"；从"乙长方体的底面在尺子刻度 7 厘米处，它的上面在尺子刻度 11 厘米处"，推算出"乙长方体的高度为：11 厘米 -7 厘米 =4 厘米"；同理，还可算出黑色长方体高度是 1 厘米，从而建立出该文本的信息链。

第三步，引导学生建立信息与问题之间的逻辑关系，优化关联性阅读信息的输出。教师可启发学生思考"以上信息可以解决的问题有哪些"，激发学生对已加工的信息进行筛选与重组，提取出"甲、乙两个长方体哪个高？高多少毫米？"等问题。

培养关联性阅读，使原有的知识经验与新的问题情境发生碰撞，不仅可以提高学生阅读文本的能力，还可以使学生的数学逻辑思维更全面、更立体，有效提升学生的数学素养。

（文：陈秀娟）

三、转化式阅读策略指导

"转化"指转变，矛盾的双方经过斗争，在一定的条件下，各自向着同自己相反的方向转变，向着对立方所处的地位转变。转化是一种重要的阅读策略。学生解决实际问题，如果阅读时不会运用转化，有时思维会受阻，不知从何处下手，故授之以法十分重要。转化式阅读策略通过化繁为简、化未知为已知，使转化思想润物无声地渗透在解决问题的过程中，帮助学生寻求最佳的解题路径。

对于转化式阅读策略的经验积累，教师一方面结合教材例题有序安排专题指导，另一方面结合习题进行指导，逐步积累方法策略的应用经验，提升学生转化式阅读策略的应用意识与水平。如何运用转化思想内化解题技巧？结合实例阐述如下。

(一)转化描述，明晰解题思路

练习中，有时会碰到一些生僻的习题，学生很难找到解题的切入点，引导学生应用转化的方法改变题目中已知条件的句式描述，引领学生"换一个视角"去辨析思考，感悟转化思想方法的应用价值。

例如：五(2)班学生分成两队去种小树苗，两队都参加，每人要种4棵树。如果只让第二队种，每人要种6棵。如果只让第一队种，每人要种多少棵？因为两队的人数不知道，总人数也是未知量，树苗棵树也未知，学生无从下手。此时进行转化描述，把"每人要种4棵树"改为"要种4小时"；把"每人要种6棵"改为"需要6小时"，即"五(2)班学生分成两队去种小树苗，两队都参加，要种4小时；如果只让第二队种，需要6小时，如果只让第一队种需要几小时？"句子转换，变成了学生熟悉的工程问题。学生读题、分析题意时，马上以"工程问题"的视角去解答列式：$1 \div (\frac{1}{4} - \frac{1}{6})$，轻松解决了"如果只让第一队种需要几小时？"的问题，而原题求"如果只让第一队种，每人要种多少棵？"，则迁移类推为$1 \div (\frac{1}{4} - \frac{1}{6}) = 12$（棵）。

以学生已有的认知经验为切入点，转化描述，把拗口的难题改为学生熟悉的问题，明晰思路，迁移运用，学生必将学得越发扎实。

(二)转化单位"1",厘清数量关系

解决条件复杂的数学问题时,学生往往"山重水复疑无路"。在指导学生运用转化式阅读策略的过程中,应抓住已知条件与问题之间的联系,通过转化条件,改变思路,以降低解题难度,有意识地让转化思想方法贯穿问题始终。

稍复杂的分数应用题,常常会出现单位"1"不一样的情况,学生无从下手。此时引导学生通过转化条件,抓住不变量来统一单位"1",学生立刻如"柳暗花明",有了解题思路。例如:周六阳阳、小雅去采摘橘柚。阳阳所摘橘柚的数量是小雅的$\frac{3}{11}$,小雅给阳阳10个橘柚,这时小雅的橘柚数量是阳阳的$\frac{3}{4}$。问阳阳原来摘了多少个橘柚?因为$\frac{3}{11}$和$\frac{3}{4}$这两个分率的单位不一样,解题难度大,可以把两人摘的总量看作单位"1":改"小雅的$\frac{3}{11}$"为"总量的$\frac{3}{11+3}$",把"阳阳的$\frac{3}{4}$"改为"总量的$\frac{3}{4+3}$"。转化条件后,10个橘柚对应的分率清晰可见:$10÷(1-\frac{3}{11+3}-\frac{3}{4+3})×\frac{3}{11+3}=10÷\frac{5}{14}×\frac{3}{14}=6$(个),阳阳原来摘的橘柚数量迎刃而解。

学习数学,就是亲历一个"思维的体验过程",教师应有意识地渗透转化式阅读策略,让学生在解决问题中明确转化策略的重要性,帮助学生探究避繁就简的解题路径,降低解题难度,让数学课堂焕发生命活力。

(文:陈秀娟)

四、比较性阅读策略指导

"比较",简单地说,就是辨别异同,确定对象之间相同和不同的逻辑思维方法。用比较的方法,揭示事物的本质,弄清联系、区别,可以更好地打开视野思路,找到解决问题的方法,让思维在比较中不断发展。比较是人们认识和鉴别事物的一种有效方法,而阅读是学生个性化的行为。在阅读过程中对相关内容进行比较、参照和品鉴,既可以活跃学生思维、激发学生学习热情,又可以使学生加深理解、开阔视野,进而深刻地把握阅读文本,提升阅读鉴赏能力。从不同的维度去探究它们的相同、相似和不

同之处，是深刻认识事物的重要方式。

在我们的日常生活中，信息无处不在。新闻报道、社交媒体、书籍、学术文章，它们为我们提供了关于世界的各种观点和信息。然而，要了解某个主题，通常不能只依赖于一个信息源。这就是比较阅读的价值所在，它能让我们从不同的视角理解和评估主题，有助于我们形成更全面、深入和独立的观点。它不仅可以提升我们的批判性思维，也可以帮助我们做出更好的决策。通过比较阅读，我们可以更深入地理解不同的观点，发现隐藏在文本之间的联系，甚至可以在这个过程中挖掘出新的思考角度。

（一）同中比异，追根究底

在小学数学教学中，经常会遇到一些看似相同的题目，但实际解题方法却完全不同。学生往往忽略或弄不清，把它们当作相同的情况来处理。这个时候，最好的方法就是把这些题放在一起比较，在比一比的过程中，于相同情境下发现不同之处，从而辨别知识的根源，把握关键。例如，"一根绳子长6米，用去$\frac{1}{3}$米，还剩多少米？"大多数学生看到$\frac{1}{3}$就产生了惯性思维，认为是用去了绳子的$\frac{1}{3}$，答案是还剩4米。这时，教师可以再出示这样一题："一根绳子长6米，用去$\frac{1}{3}$，还剩多少米？"让学生比一比这两题的相同之处和不同之处。学生很快就会明白，前一题中的$\frac{1}{3}$米是数量，表示绳子具体的长度，后一题中的$\frac{1}{3}$是分率，表示用去的绳子的长度与整根绳子长度的关系。这样有针对性地进行对比，可以帮助学生同中找异，溯本追源，清楚地看到知识的生长点。

（二）异中比同，深化理解

数学概念、结论往往需要从众多表象中获取。运用比较，能帮助学生透过形形色色的外表，直窥问题的核心。在比较中，问题的外层属性逐渐"剥落"，知识的共性逐渐显现，学生对于问题的理解也更加深入。例如，在工程问题的教学中，先出示"运120吨水泥，甲车要用10小时，乙车要用15小时，两车合运要几小时？"，等学生解答完后，把120吨改成90吨、

60吨、一批水泥。学生比较后发现虽然工作总量变了，但合运的时间却没有变，可以把工作总量抽象成单位"1"来解决。接着可以把题目改成："修一段公路，甲队要用10天，乙队要用15天，两队合作要几天？""学校要买课桌椅，单买课桌可以买10张，单买椅子能买15张，配套买，能买几套？"在这个过程中，学生通过比较，更加直观地发现，虽然情境变了，但隐含的数量关系却相似，解题的思路更是相同的。在比较中，学生在异中找到了同，对于工程问题的核心特征和解题思路、方法逐渐明确，自主建立起了解决这类问题的数学模型。

（三）同中比优，促进优化

面对相同的问题，不同的学生会产生不同的思维活动，从而产生不同的解决问题的方法。在这些不同的方法中，思维层次之间也是存在不同的。在这时让学生进行比较，学生不仅能再次剖析自己的方法，更能从别人的方法中得到启发，不断优化自己的方法。例如，在《统计》一课的教学中，刚开始学生收集数据的方法很多，有的用画图的方法，有的用写数字的方法，有的用写字的方法，有的用画符号的方法，还有的用画"正"字的方法。通过比较，学生觉得画图太麻烦，写字太慢，写数字容易出错，画符号简单但容易数错，只有画"正"字，不仅快而且准确。在比较中，学生实现了对自己的突破，达到了对方法的优化选择。

（四）新旧联结处比较，促进迁移

很多新知都是在已有的知识经验基础上迁移而来的，所以教师可以通过复习旧知自然引出新知，引导学生在新旧联结处比较，让学生在分析、比较、判断、推理中构建新知，促进知识的迁移。例如，在教学"认识一个整体的几分之一"时，先出示一个桃子，让学生指出它的$\frac{1}{2}$；再出示一盘桃，让学生指出它的$\frac{1}{2}$。然后引导学生比较两个$\frac{1}{2}$有什么联系和区别。学生发现，前者是一个物体的$\frac{1}{2}$，而后者是一个整体的$\frac{1}{2}$，但都是把它或它们平均分成2份，这样的一份都是$\frac{1}{2}$。通过这样的比较，学生得以开拓思路，探索规律，更深刻地认识事物及其相互关系，从而打开了理解几分之一意义的大门。

（五）变与不变间比较，凸显本质

不同点的比较就是要确定思维对象的不同特性，有些貌似相同或十分相似的概念，实际上总是存在某些差异。例如，教师为了让学生在头脑中形成对分数意义的准确理解，在教学时设计了比较过程。

出示这 3 幅图（如图 7-3 所示），先让学生独立表示出分数，再让学生比较第 1 幅图和第 2 幅图，问：平均分的物体不同，个数也不同，为什么都用 $\frac{1}{4}$ 表示？然后让学生比较后两幅图，问：为什么同样是用 8 个正方体表示总体，其中一份的分数却不同？经过这样两次比较，学生在变与不变中，进一步理解了分数的意义，在比较中把握了知识的本质。

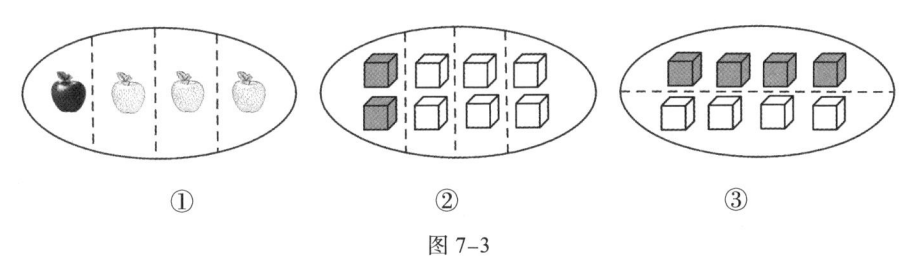

图 7-3

（六）简与繁比较，明确方法

许多数学问题都存在多种解法，通过对不同方法的比较，不仅可以使零碎的知识构建成完整的知识结构，还可以比较不同方法的优劣，发展数学思维。例如，在教学"末尾有 0 的两位数乘两位数乘法"这一知识点时，教师找两名学生板演（一繁一简两种竖式计算方法，如图 7-4 所示），引导台下学生比较他们的做法。

$$
\begin{array}{r} 24 \\ \times\ 60 \\ \hline 00 \\ 144 \\ \hline 1440 \end{array}
\qquad
\begin{array}{r} 24 \\ \times\ 60 \\ \hline 1440 \end{array}
$$

图 7-4

在比较中，学生发现两种方法的计算结果相同，但第2种计算方法明显简便。再通过比较两种方法的算理，学生头脑中对于末尾有0的两位数乘两位数的计算就清晰了。本来简单的笔算题，经过比较，学生不仅明白了怎样做，同时也明白了为什么可以这样做。

总之，数学需要比较，学生需要学会运用比较，并在比较中发现异同，揭示规律，形成概念。教师要给学生正确的引导，做到在教学中合理运用比较策略，积极地为学生提供比较机会，促进学生思维的发展，让学生的智慧闪光。

第三节　小学科学阅读策略指导

一、质疑研究阅读策略指导

科学是建立在实证和质疑的基础上的一门学科。自古以来，科学家通过不断提出疑问、进行实验和验证，推动了人类对自然界认识的不断深入。质疑在人类探索未知领域中起着重要作用。科学质疑需要采取以下步骤：首先，需要通过批判性的思维看待所接触到的信息，从多个角度提出疑问，避免片面性。其次，需要寻找证据来支持质疑，包括查阅相关文献、进行实验或观察，最好选择权威且经过同行评议的来源，以确保信息的准确性。再次，对所收集到的证据进行评估和解读，确保其是否支持质疑、是否存在矛盾和冲突。在这一过程中，需要保持开放和理性的态度，不受现有观点和偏见的影响。最后，在得出结论后，还需要反思和更新质疑。科学是不断发展和变化的，质疑也可能随着新的证据和知识的出现而改变。具体流程包括：提出具体问题—查阅权威资料—分析研究方法—多方求证—实验验证。

比如，在网上或书上看到"听了音乐的植物会长得更好"的消息时，大部分人会觉得匪夷所思，因为凭生活经验，他们觉得植物没有情感，其生长不太可能会受音乐影响，从而产生疑问。如何用质疑方法验证这个观点的可靠性呢？

1.提出具体问题：植物会有情绪吗？音乐有各种类型，古典、摇滚、流行、爵士……难道对植物的影响都一样？植物也有多种类型，对同一首曲子感觉一样吗？可以发散思维，从多个角度提出疑问。

2.查阅权威资料：利用中国知网、万方数据库等平台查阅音乐对植物生长影响的相关研究资料，了解影响植物生长的主要因素，以及音乐的产生原理及其对植物生长的可能影响。

3. 分析研究方法：如果有关"听了音乐植物会长得更好"的研究声称有实验证据支持，我们就要关注实验过程、数据和结论等方面，评估其可靠性。

4. 多方求证：搜集其他相关研究和实例，以验证"听了音乐植物会长得更好"的观点。如果其他研究或实例未能证实这一观点，那么这个观点很可能是错误的、不可靠的。

5. 实验验证：在实际生活中，可以尝试为同种植物播放不同类型的音乐，进行单变量对比试验，观察其生长状况，通过实际操作验证音乐对植物生长的影响。实验的次数要尽量多一点儿，避免偶然性。

通过以上方法，我们得知植物虽然没有耳朵，但植物叶片表面有很多气孔，这些气孔就是植物的"耳朵"。音乐的旋律经过空气传播产生声波，声波通过刺激植物细胞产生电流来实现在植物体内的传播。研究表明，适当的音乐频率能促进植物的光合作用与新陈代谢，通过改变植物生长环境的声波振动频率来影响植物生长。在质疑过程中，我们要保持开放的心态，尊重事实和科学原理，以揭示真相。同时，培养质疑精神有助于我们提高科学素养，更好地认识世界。

（文：陈妹仔）

二、探究发现阅读策略指导

科学阅读是一种以科学文本为对象的阅读类型，主要包括科普著作、科幻作品和理科教科书等，而探究发现法是一种在全学科阅读中，针对科学学科的阅读方法策略。探究发现法是让学生在教师的引导下，像科学家发现真理那样，通过自己的探究和学习，发现事物发展变化的原因和内部联系，找出变化规律。

在全学科阅读中用探究发现法指导学生主动参与阅读过程，通过观察、实验、推理等方式发现科学知识、理解科学原理，培养学生的科学思维和探究实践能力。具体实施步骤如下：确定阅读主题—提供阅读材料—引导学生阅读—开展探究活动—交流与讨论。

下面以《哇！营养》科普绘本教学为例，阐述教师如何提供适当的引导和支持，运用探究发现法来指导孩子进行科学阅读，帮助学生获得科学知识，培养和发展科学思维，提高探究能力。

教师聚焦生活中的一日三餐，以学校午托为真实情境，提问学生：你发现了哪些食物？这些食物有什么作用？学生进行交流与讨论。教师提供相关的阅读材料，引导学生开展活动，快速自主阅读绘本中关于食物营养的资料。小组交流：从绘本中获取了哪些信息？食物的营养物质到底是什么呢？食物中主要有哪些营养物质？教师再次引导学生小组合作阅读，借助学习记录单，探索发现食物中含有糖类、脂肪、蛋白质、维生素、无机盐和水这几种营养物质，不同食物所含的营养物质不同。再提问学生：这些营养物质主要存在于哪些食物中，对人体有什么好处？教师让学生再读绘本，探究发现常见食物的营养物质，知道一种营养物质会存在于多种食物中，但一种食物不可能包含所有营养物质，为了健康，我们要注重营养均衡，不能挑食。

教师展示班级同学的食谱，学生根据阅读材料，观察食谱，交流有什么发现。学生交流发现食谱的营养不均衡。教师引导学生继续思考为了营养均衡该如何搭配食物。学生阅读关于中国居民平衡膳食的绘本资料，开展实验探究活动：利用膳食宝塔设计一份科学、合理的一周食谱。

此次教学通过阅读绘本内容，引导学生知道平衡膳食的重要性，巩固所学知识，提高探究能力，学会科学搭配食物；通过科学阅读，引导学生获取、分析、整理、交流相关信息，提高科学素养。

教师在全学科阅读中利用探究发现法时注意到：学生是阅读的主体，尊重学生的主体地位，引导他们主动参与到阅读过程中；提供适当的引导和支持，帮助学生培养和发展科学思维，提高探究能力；注重实践与应用，学生需要通过实验、观察等方式，发现科学知识、理解科学原理；培养创新精神,在全学科阅读中,需要注重培养学生的创新精神,鼓励他们提出新的观点和想法。

（文:林倩倩）

三、操作实验阅读策略指导

操作实验法是从多种科学角度检验和评估实验结果的实验方法。在科学阅读中运用操作实验法能帮助学生联系阅读内容与实际生活,理解科学概念,培养科学思维,体会科学本质,培育科学精神。

在科学阅读课堂中,操作实验法得到了广泛的应用。但细细思考,应用的目的多为增强课堂趣味性和感受实验现象,学生难以将此过程中获得的亲身经验转化为科学观念。如何引导学生在阅读中运用操作实验法了解科学本质,体会科学力量,关键在于学生不是盲目地操作而是运用实验验证科学的可重复性本质和寻找证据。具体流程为:实验验证假设—交流想法、得出结论—质疑—设计进阶实验验证。

科学史学习是渗透科学本质学习的重要载体,新课标中也多次提及科学教学要融入科学史学习。下面以《认识棱镜》一课的教学为例,阐述教师如何运用操作实验阅读策略来引导学生进行科学史阅读。

1. 出示自学任务:(以牛顿的身份)阅读、实验与思考。

（1）出示阅读材料:17世纪人们对光学的认识;牛顿的三棱镜实验(非完整实验)。

（2）出示操作材料:三棱镜、强光手电筒、记录单。

（3）学生重演牛顿三棱镜实验。

（4）思考:三棱镜有什么特点?通过实验,你观察到白光透过三棱镜后有什么现象?产生这种现象的原因可能是什么?

2. 小组交流活动:现象与解释。

（1）明确现象:白光透过三棱镜在屏上形成多种颜色的光。

（2）原因解释：白光可以分解成多种颜色的光，白光是由多种色光组成的。

3. 师生交流活动：质疑与推理论证。

（1）出示阅读资料：

牛顿的色散理论与亚里士多德的理论不符：亚里士多德认为这种彩带的出现是白光与棱镜相互作用的结果，而不是因为白光有复杂成分。

英国最高科学学术机构皇家学会不承认牛顿的研究成果。

（2）学生独立思考后再小组交流：你还坚持自己的观点吗？如果坚持，该如何进一步寻找支持你的证据？

（3）学生交流：逆向推理——将七色光进行合成，看是否能合成白光。

（4）学生实验：重演牛顿色盘实验——七色光合成白色。

4. 拓展：牛顿的光学成就与牛顿的科学精神。

如果仅仅按照观察现象——直接呈现"白光由七色光组成"结论的设计，学生的收获仅仅是停留在"读故事"和"感受实验现象"上。以代入角色、重演实验—解释现象—经历质疑、再次设计实验论证的程式进行探究，能帮助学生在阅读中利用实验完成与科学家的跨时空对话，学生的质疑精神、推理论证能力等也都得到了有效培养。

（文：许钦凤）

第四节　小学英语阅读策略指导

一、预测阅读策略指导

当拿出书的那一刻起，预测就开始发生。心理学认为，预测（prediction）是对行为进行准确预言的能力。预测指的是在掌握现有信息的基础上，依照一定的方法和规律对未来的事情进行测算，以预先了解事情发展中的过程与结果。对于初阶阅读者而言，老师需要引导他们进行有效预测，而学得预测策略后，边阅读边预测则是在不经意间且自然而然完成的。

孩子们天生就有好奇心，激活他们的预测能力能提升他们的阅读兴趣。在持续预测—阅读—验证的循环中，孩子们学会了从自身经验出发形成漫天想象的预测，学会了从各类细节、线索中对接下来的故事走向进行预测。学习预测策略的过程提高了他们的阅读速度和阅读质量，也同时培养了发散思维和逻辑思维能力。若是预测与结果相左，孩子们会思考相左的原因——是细节抓取得不准确或对作者想表达的内容把握得不清楚还是作者想给孩子们意料之外的惊喜？若是预测与结果一致，说明孩子们和作者的思路一致，读懂了作者想表达的思想。在发现自我逻辑和文章逻辑是否相符的阅读过程中，孩子们的独立性思维和批判性思维得到了培养。

在实际的阅读教学过程中，部分教师占据课堂主导地位，忽视了引导学生运用预测策略，从而无法唤醒学生已有的知识经验，错过了引导学生主动参与阅读、深入参与阅读的机会。也有部分教师运用了预测策略，却因为对预测内涵的误解使得预测失去效能。以闽教版四年级上册 Unit 6 Meals 的 Part A 一课为例，老师在热身环节后直接询问学生"What's for my breakfast?"问题引导的预测没有明确的指向和线索，学生回答也是泛泛而谈，这种盲目猜测的活动对引导学生进行预测并没有多大作用。

在语篇阅读过程中，教师要创设有助于学生预测的氛围，使阅读过程变成学生积极主动的思维过程，激发学生的阅读兴趣，唤起学生的阅读欲望。在 2023 年阅读中心（小学英语组）研讨活动研课的过程中，我们的课例就有效地引导学生运用了预测策略。例如 *Tortoise and His Friends* 绘本阅读一课，老师通过 "Read the cover" 这一环节引导学生对故事的大致内容进行预测。在引导观察图片细节的活动中，学生能根据细节线索大胆地预测。在 "What Are You Drawing" 一课中，老师基于对绘本中妈妈对一对儿女乱涂鸦后的反应，请学生代入角色预测 "What would Mary say?" 此时的预测既结合了文本又结合了自身的生活经验，学生在预测输出中体会作者的思想，既培养了思维又锻炼了语言。

阅读理解的过程是一个积极主动的认知过程，而预测策略是培养学生阅读能力的一个重要策略。我们在日常教学中应该重视预测策略运用的培养，引导学生主动参与阅读思考的过程，通过各项思维活动打开学生的知识图谱，引导学生对标题、图片、人物、关键词、故事等阅读内容进行预测，最终达成作者与读者间的深度对话，促进英语阅读教学的有效实施。

（文：温颖）

二、KWL 阅读策略指导

KWL 是美国学者唐娜·奥格尔提出的阅读指导策略，以建构主义理论为基础，以学生为主体，以问题为主线的核心理念，是在美国中小学阅读课堂广泛使用的导读策略。K 代表 "What I know"，是指学生对话题已经了解的内容，旨在引导学生通过小组讨论等方式了解自己对某个话题的熟悉程度，并通过聆听他人的发言扩充自己的知识。W 代表 "What I want to know"，是指学生渴望获得更多关于本节课话题的知识，旨在引导学生围绕话题自主提出想要了解的问题，并让学生通过多种形式的阅读活动从文中找到 "What I want to know" 的答案。L 代表 "What I have learnt"，是指学生对新学知识的反馈，旨在让学生总结学到的新知识，并综合运用新知识分析问题，完成相应的任务。

《义务教育英语课程标准（2022年版）》提出，教师要敢于突破教材的制约，选用与教材主题情境相匹配的英语绘本。阅读材料是开展有效英语阅读教学的重要媒介，是达成教学目标的重要基础。为此，教师基于教材内容，搜集与教材主题、题材相近的阅读材料，引导学生阅读。此外，学生课前要查阅与探月工程相关的资料，重构学生已有的图式。学生应自设阅读目标，培养阅读的主动性和自律性，为发展学习能力打好基础。

闽教版小学英语六年级上册 Story Time "The Chang'e-4 Lunar Probe" 在文本语言、文本内容上相对单一，故事情境与学生的生活、认知有距离。为此，引入了与故事主题一致、有故事情境的绘本作为补充阅读，以满足学生的认知需求。绘本 On the Moon 图文并茂且带有视频，大致内容为：孩子们，你们想当一名宇航员吗？如果想的话，要乘坐宇宙飞船到达月球，想要走出太空，那就必须穿上宇航服，因为太空中没有空气。原来月球上有山、有洞；我们在月球上会感到轻飘飘的；宇航员们在探索月球上的岩石……孩子们，你们想去月球吗？在课前，学生阅读并观看绘本视频，获取登月的知识，为进一步的学习做铺垫。

为了消除学生对阅读科普类文章产生的畏难心理，降低学习难度，我们设计了导学案（见表7-4），利用KWL图表，以问题形式，引导学生课前自主查阅相关资料，激发他们对嫦娥探月工程的好奇心和求知欲望，以获取更多相关的信息，为深入阅读做好准备，从而培养学生课前预习、自学的好习惯。

表7-4 导学案

	K	W	L
The Chang'e-4 Lunar Probe	What do you know about the Chang'e-4 Lunar Probe?	What do you want to know about the Chang'e-4 Lunar Probe?	What have you learnt about the Chang'e-4 Lunar Probe?
	I know …	I want to know …	I have learnt …

（文：张兰琼）

三、问题链阅读策略指导

(一)问题链阅读策略的内涵

问题链是指根据阅读教学语篇内容,遵循严谨的逻辑结构设计的一系列问题,是知识结构的表现形式。教师在设计问题链的时候,可以从教学语篇的类别、结构、内容、功能等方面入手,先整理出主线,再围绕主线展开设计衍生问题。整个课堂由导入问题、主线问题、衍生问题和补充问题这一系列大问题链构成,每一链中又包含小的问题链。在层次鲜明、具有系统性的问题链的指引下,学生一定能快速厘清课文内容,并且抓住文本重点,明白要"思考什么""怎样思考"。这样的阅读课堂才是高效的课堂,才是深度课堂。

(二)问题链阅读策略的价值

《义务教育英语课程标准(2022年版)》提出了指向学生核心素养发展的课程目标,其中在发展思维品质这一目标中,要求学生"能够在语言学习中发展思维,在思维发展中推进语言学习;初步从多角度观察和认识世界、看待事物,有理有据、有条理地表达观点;逐步发展逻辑思维、辩证思维和创新思维"。培养学生的思维品质已成为基础教育阶段的普适性任务。英语阅读教学中,教师在提升学生阅读理解能力的基础上,要设计更有效、更有价值的问题来激发学生的思维能力。有效提问是小学英语教学中不断引发学生思考、实现思维对话的重要环节。学生的思维发展过程往往是从问题开始的,问题是不断生疑、解疑、答疑的过程。问题链教学中层层递进的问题为学生创设问题情境,能够引导学生与文本对话,使学生始终处于一种主动思考、积极探究的思维活动中,从而对学生思维的逻辑性、连贯性和深刻性进行有效训练,有益于构建完整的语言体系。

(三)问题链阅读策略应该如何实施

下面以闽教版小学英语五年级下册 Story Time "Three Little Pigs"为例,阐述问题链阅读策略应该如何实施。

1. 读前活动:引入性问题链。

冯珊瑚和范淑丹两位老师在问题链教学实践设计中提出,"引入式问题链是教师基于语篇导入课题,为后续阅读教学埋下的伏笔或者是为引起学生的兴趣,使学生产生好奇心及求知欲而精心设计的问题链"。引入式问题链的设计通常简单易懂,要能够引导学生预测语篇主题或内容,激发学生的问题意识,同时也能综合提升学生的语言表达能力。

在阅读文本前,教师为了启动阅读,通过歌曲 *Who's Afraid of the Big Bad Wolf*？引入问题 "Who's afraid of the big bad wolf?",让学生进行猜测,激活思维。随后,教师引导学生观察故事插图并继续提问:"Boys and girls, look at the pictures. How many animals in the story? Who are they?""Look at Picture 1, after three little pigs said goodbye to their mother（动作引导学生理解 say goodbye to 的意思）, what did they do?""After they built their houses, what happened?"通过引入性问题链引导学生猜测故事的主要内容,激活与故事相关的单词和句型,帮助学生初步感知、了解故事,为阅读故事做铺垫。

2. 读中活动:递进性问题链。

陆坊庆老师在介绍递进性问题链时说明,"递进性问题链的设计通常由浅入深,通过一环套一环的提问,促进学生的深度思维,避免学生出现思维'卡顿'的现象,使学生能更进一步地理解新学知识"。

在阅读过程中,老师通过递进性问题链让学生通过快读、跳读、细读等活动有效地提取关键信息,了解故事主旨、掌握故事发展脉络,品读人物行为。教学片段如下:

（1） Skimming the story.

呈现问题一: Did the wolf catch the three little pigs?

T：The wolf came.（课件展示 wolf 的图,并配上 wolf 的号叫声）

Did the wolf catch the three little pigs? Please read the story quickly, and answer the question.

（2）Scanning the story.

呈现问题二：Why didn't the wolf catch the pigs?

T：Why? Why didn't the wolf catch the pigs? Please read the story for 2 minutes, and fill in the blanks. 见图 7-5 所示。

Why?　默读 2 分钟

Pig A and Pig B _____ to Pig C's house.

Pig C's house was _____ .

The wolf could not _____ .

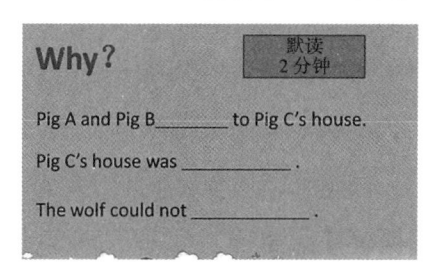

图 7-5

（3）Carefully reading.

T：How did the three little pigs build their houses? 完成图 7-6 所示的题目。

连线并填空。　He built his house out of _____ .

默读 2 分钟

bricks

sticks

straw

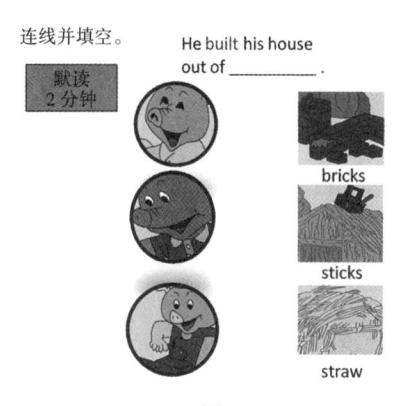

图 7-6

Why did they use different materials to build the houses? 完成图 7-7 所示的题目。

He built his house out of ... 默读2分钟，并画出文中的相关句子。

This was _____. straw

This was _____. sticks

It was _____.
But this was _____. bricks

图 7-7

（四）读后环节：探究性问题链

探究性问题链可以帮助教师引导学生揭晓故事寓意。具有思维含量的问题链使学生主动进行分析推理，使他们在持续的问答中经过自主思考后感知、认同故事寓意。教师应该在整个提问过程中鼓励学生给出不同的回答，能够根据多种观点让学生多角度认识世界，辩证地看待事物。

在读后环节中，教师在学生深入学习文本的基础上，充分发挥学生推理、评价等各项能力，引导学生表达充满个人创意的想法，修正相关观点，拓展语篇意蕴，将阅读内容的思想观点进行内化，锻炼学生的深层思维。

Q1：Which pig do you like best? Why?

Q2：If you were the pig, what would you use to build the house? Why?

问题1通过评价性的开放性问题，鼓励学生对故事人物行为进行评价，以此引导学生批判性地理解故事，发展学生思维品质。问题2通过共情性的开放性问题，引导学生进行创造性的想象、阐述，培养学生的发散性思维和创新性思维。这与《义务教育英语课程标准（2022年版）》中核心素养的思维品质目标特征不谋而合。

（文：郑燕滨）

第八章
全学科阅读的教学设计与案例

第一节 批判性阅读策略指导课
——重读《书戴嵩画牛》等群文教学设计

【设计思路】

通过重读《书戴嵩画牛》等群文,让六年级学生经历峰回路转、柳暗花明、否定之否定的阅读思维过程,养成怀疑精神,尤其重要的是,了解批判性阅读的一些基本策略。这一过程中有两个重点:一是在对学生进行审辨式、探究式、批判式阅读思维及策略训练;二是向学生渗透更丰富的审美思想与观念。

【学情分析】

《书戴嵩画牛》是统编版小学语文六年级上册的一篇文言文,学生对其内容已经较为熟悉;学生在六年学习中对批判性阅读思维应该有过接触,但没有接受过刻意的训练,对其方法和策略比较陌生。

【教学目标】

学习怎样进行批判性阅读与思考。

【教学过程】

一、检查预学，导入新课

师：刚才同学们就昨天晚上的预学单做了交流，哪几名同学反馈一下自己预学的收获？（出示"预学单"）

> （1）指名说说《书戴嵩画牛》原文的大意及含义。
> （2）指名或小组汇报《书戴嵩画牛》这篇文章中不同的人对"斗牛摇尾"的不同看法及理由，并说说赞同谁的观点，说明理由。

生：戴嵩认为……

杜处士认为……

牧童认为……

苏轼认为……

生：我赞同牧童的观点，理由是……

师（过渡）：看来一代名家戴嵩是孤立无援了，所有人都倒向"牧童"的观点。今天这节课，我们要尝试用另一种思维再读这篇文章。郑老师准备了几篇文章，我们就结合这几篇资料，聚焦戴嵩的"斗牛摇尾"，看看能经历一场怎样的思维风暴！

二、明确目标

师：同学们，猜猜我们将经历怎样的思维风暴，或者我们希望通过这节课在原有学习的基础上有怎样的收获。

（学生自由表达）

师：好。那么这节课的学习目标我们就锁定为学习另一种阅读思维吧。

三、大模块学习

模块一

1. 出示学习提示一。

> 阅读资料（一），梳理：你现在对戴嵩"斗牛摇尾"的观点是什么？依据是什么？结合材料和同桌说一说。（时间：2～3分钟）

表述标准如下：

结合材料，做到：

（1）亮出观点，观点要鲜明。

（2）说出依据，依据要简洁完整。

（3）表达清楚，语态要大方。

资料（一）：

著名语言学家、复旦大学教授严修于2018年9月5日在《文汇报》发表《为戴嵩〈斗牛图〉申辩》一文，文中说："我的调查方法很简单，就是在电脑和电视上观看各种斗牛比赛。我看过西班牙斗牛、泰国斗牛、越南斗牛、云南石林彝族斗牛、贵州斗牛、浙闽斗牛、凯里斗牛城比赛、枫香斗牛大赛、雷山斗牛大赛，等等。我在观看时眼睛紧紧聚焦在牛尾巴上，收获颇大。实际情况是：牛在角斗时，尾巴的姿势各式各样，并不统一。可以将尾巴缩入两股间，也可以摇尾，还可以时而缩尾时而摇尾。摇尾的方式也多样，可以下垂左右摇摆，也可以翘起来上下左右摇摆，还可以像蛇一样卷曲翻滚，姿态纷繁。"严修教授还找到三幅表现斗牛场景的汉画，河南南阳汉画像石、河南新郑汉画像砖、河南郑州汉画像砖的拓印件，以证明戴嵩画的"掉尾"的斗牛一点儿也不荒谬。他最后总结说："戴嵩不愧是杰出艺术家，对牛的习性观察得十分深入细致。他画过多幅《斗牛图》，有的牛摇尾（如杜处士所藏的），有的牛缩尾（如乾隆题跋的），都是正确的、有根据的。"这篇文章也告诉我们，观察问题要全面细致，不可犯

以偏概全的错误。(节选自《传统文化修养与文言诗文阅读》,略有改动)

2. 学生自学。

3. 合作学习。

4. 组织汇报交流,教师相机串联引导。

生:摇尾是对的,证据是……

可摇尾可缩尾,证据是……

我的观点是……

5. 统整。

师:严修教授是在掌握了详细真实的资料后才得出结论的。他通过观看电视中大量的斗牛大赛,掌握了第一手资料;他还找到三幅表现斗牛场景的汉画,以证明距离我们上千年的斗牛场景的真实性,这是第二手资料。这些资料全面、完整、可靠,有力地、科学地证明了"斗牛摇尾"的真实性,为戴嵩平了冤。可见,看问题得客观全面,不能偏听偏信,要大胆质疑、细心寻证。

模块二

1. 出示学习提示二。

> 阅读资料(二),回答:你现在对"斗牛摇尾"的观点是什么?依据是什么?在文中画下关键词,和同桌说一说。(时间:3~4分钟)

表述标准如下:

结合材料,做到:

(1)亮出观点,观点要鲜明。

(2)说出依据,依据要简洁完整。

(3)表达清楚,语态要大方。

资料（二）：

五段虾和六段虾——齐白石
舒乙

齐白石以画虾而闻名。当然，他是大师，几乎什么都画，白菜、桃子、牡丹、山水、人物，样样好，无一不能，无一不精。虾，齐白石不光画得多，而且是他的"发明"、他的"专利"，成了他的"象征"和"符号"。

中国现代文学馆曾为诗人阮章竞办过一次艺术展览，其中有一幅阮氏学齐氏的《虾》，虾画得一般，神来之笔是画上的那段文字。大意是：有一次阮诗人自己去赴宴，吃大虾，无意中数了虾身的节数，是六段，大惊，因为齐白石老人画虾是五段。他不信，又数，还是六段。于是回去查大百科，查海洋生物辞典，都说虾是六段。可齐老人的画明明是以实物为对象的，而且观察细微，远近闻名。怪了。最后，阮诗人的结论是：可见，权威也有错，可千万别迷信呀。

这段文字引出观众许多感慨，有人高声朗读，还有的不禁哈哈大笑起来。总之，大家都读得饶有兴趣。不过，读了也就过去了，算是一桩艺坛趣事吧。

妈妈去世之后，我们整理她的遗物，在她的画框中发现一张齐白石先生早年的《虾》，不知是不是爸爸生前购买的。看了这虾，我们又大吃一惊。原来，齐白石先生早年画的虾真是六段，不是后来的五段。我琢磨，这当中肯定有重要变法。

记得妈妈曾说过，她亲眼看见齐先生的笔洗中养过几只小的活虾。年迈的齐先生对着笔洗默默地看，一看就是老半天。对一位大师来说，这种凝视，与其说是观察，不如说是思考，是酝酿，是艺术升华的前奏。

齐先生在画虾上确实有重要的三段变法：第一阶段是如实画来，写实，宗法自然，更像写生。第二阶段最重要，不算"零碎"，虾身主体简化为九笔。所谓"零碎"一共是八样：双眼、短须、长须、大钳、前足、腹足、尾，还有一笔深墨勾出的内腔，这种结构便是齐白石的虾所独有的重要风格。第三阶段是画上的墨色不均一，笔先蘸墨，然后用另一支笔在肚注水，把虾的"透明"画了出来，虾一下子就活了。

齐白石的虾由生活中的六段成了画纸上的五段，这包含了一个极其重要的艺术原理：一定是五段的虾，在比例上、在画面上摆出来最合理、最好看、最美。终于，五段由六段中飞腾了起来。

这个飞腾，太重要了，非常伟大，因为五段是艺术的真实，是一种超越，是比真实还美丽的璀璨，这就是齐白石变法的深刻。我揣摩，齐先生一定试验过，六段不成，四段也不成，非五段不成；于是，五段便成了艺术的必然，也衍生了一个有普通艺术规律的美学原理。

源自生活，又高于生活，升腾为美妙的精神享受——这就是创作。

（作者舒乙，为中央文史研究馆馆员、中国现代文学馆原馆长。本文略有改动）

2.学生自学。

3.合作学习。

4.组织汇报交流。

生：不管从科学的角度还是从艺术的角度来看，"斗牛摇尾"都是对的，证据是……

生：即便"斗牛摇尾"在现实中不存在，从美学角度来看，只要它符合美的原理，就是对的。因为艺术源自生活，又高于生活，最后是要升华到美的境界，带给人们美的享受的……

5.统整。

师：看来，我们的认识又升华了。从审美角度来看，画画是一门艺术，它源自生活，还可以跳出生活并高于生活。只要是符合美的原理的创作，不必完全照搬生活。这真是有意义的发现！

模块三

1. 出示学习提示三。

> 回顾前三次的阅读，回答：你对戴嵩画牛的观点经历了怎样的变化？为什么会有这样的变化？对你的阅读有什么启发？先自己酝酿，再在小组内交流。（时间：3～4分钟）

2. 学生自学。

3. 合作学习。

4. 组织汇报交流。

5. 统整。

师：这其实就是批判性思维。你觉得批判性思维要注意什么呢？

（学生自由表达）

出示：

> 批判性思维：
> 1. 敢于提出与文本不同的观点，超出常见的观点；
> 2. 要从不同的角度思考；
> 3. 要提供更全面完整的背景资料，证据有力。

师（小结）：用批判性思维阅读，就是批判性阅读。戴嵩若有知，应该感谢同学们用这样的思维去阅读他的画，为他平了冤。

模块四

1. 出示学习提示四。

> 尝试用学到的批判性思维阅读《鹬蚌相争》，说说：你有什么想法？依据是什么？
>
> 《鹬蚌相争》原文：
>
> 蚌方出曝，而鹬啄其肉，蚌合而箝其喙。鹬曰："今日不雨，明日不雨，即有死蚌！"蚌亦谓鹬曰："今日不出，明日不出，即有死鹬！"两者不肯相舍，渔者得而并禽之。

> 《鹬蚌相争》译文：
>
> 　　一只河蚌正从水里出来晒太阳，一只鹬啄它的肉，河蚌闭拢并夹住了鹬的嘴。鹬说："今天不下雨，明天不下雨，就会有死蚌。"河蚌也对鹬说："今天你的嘴出不去，明天你的嘴出不去，就会有死鹬。"两个都不肯互相放弃，结果一个渔夫把它们俩一起抓住了。

2. 学生自学。

3. 合作学习。

4. 组织汇报交流。

5. 统整。

师：这是一则寓言故事，我们该用怎样的视角来阅读呢？同学们刚才的辩说理由都很充分。从寓言的特性上来看，寓言故事通常是通过艺术加工的、虚构荒诞的情节，来揭示一个耐人寻味的道理。从美学价值上来看，就如齐白石先生画的虾，艺术源自生活，又高于生活。

四、回顾反思提升

师：大家很有主见，能按要求说观点，并摆出支撑观点的论据，让我们置身于一场批判性阅读的思维风暴中，大家觉得这样的学习有意思吗？

把你们的学习感受以一两句格言式的金句形式写下来，我准备带回去分享给我们学校的同学们！

（设计：郑玉贞　指导：林高明）

第二节　引导发现，学以致用
——统编版小学语文五年级上册语文园地三"词句段运用"教学设计

【教学目标】

1.让学生明白讲好民间故事不仅要学会创造性复述，还要学会说具体。

2.让学生理解意思相近的俗语和成语的不同表达效果。

3.让学生能够通过学习多个回合的对话、连续性动作、丰富的心理描写的特点，把简略的情节说具体。

【教学重难点】

学习怎样把一个情节说具体。

【教学时间】

1个课时。

【教学准备】

课前让学生运用"交流平台"上提到的方法，创造性地复述民间故事。

【教学过程】

一、引入情境，贯穿整体

（一）回顾课文，进入情境

师：第三单元我们学习了两篇特别有意思的民间故事——《猎人海力布》《牛郎织女》。民间故事是如何创作出来的？

出示单元导语：

> 民间故事是口耳相传的经典，是老百姓智慧的结晶。为了让经典一代代传承，我们要做民间故事的传承人，学习讲好民间故事。

（设计意图：本单元语文要素中的阅读要素是"了解课文内容，创造性地复述故事"。"词句段运用"中的两道题与单元课文内容、语文要素关联度很高。故本节课设计"讲好民间故事，做民间故事的传承人"大情境，将"词句段运用"栏目教学放在单元大情境中进行整体设计）

（二）联系板块，抓住要素

师：还记得"交流平台"上提到过的让故事更有新鲜感的方法吗？谁能用简洁的语言概括一下？

预设答案：转变角色、增加情节、变换顺序。

出示课件：我能让故事更有新鲜感。（让学生任选一题进行创作）

> 1. 用海力布的口吻讲述救小白蛇得到宝石的经过。
> 2. 增加老牛是怎么知道织女下凡时间的情节。
> 3. 变换情节的顺序，讲海力布的故事。

师：课前，老师布置了小创作，谁愿意展示一下？

（三）展示完毕，提升要求

师：刚才三名同学都能有创意地讲民间故事，给人以新鲜感。如果你是听众，你还会有什么更高的期待吗？怎样用上这些方法把故事说具体呢？

（设计意图：语文园地中"交流平台"与"词句段运用"联系紧密，以《猎人海力布》和《牛郎织女》这两篇民间故事为创作元文本，让学生在原有故事的基础上创造性地复述民间故事，进而很自然地将"交流平台"与

"词句段运用"两个板块关联起来。然后教师进一步提出"把故事说具体"的要求，引发学生思考，加深学生对本单元学习重点的理解和把握）

二、引导发现，学说具体

（一）自读感悟，学习如何把一个情节说具体

师：请大家打开课本，我们先来学习"词句段运用"中的第二题，学习如何把一个情节说具体。

出示学习任务一：

> 自读本单元"词句段运用"中的两段文字，边读边思考：两段文字有什么异同？把自己的发现写在学习单上。

（设计意图："词句段运用"安排了两项内容，第二题以《狼和小羊》为例，引导学生了解如何把简略的情节说具体，并让学生进一步运用这样的方法把牛郎织女初次见面的情节说具体。把这道题提前进行教学，既能使以往课时与"交流平台"板块衔接得更为顺畅，又能体现教学要求的逐步提升）

（二）学生自学，小组交流后反馈

预设回答：相同点是，两个片段都是写狼把小羊吃了。不同点是，第二个片段运用语言描写、动作描写、神态描写等，把事情的经过写得更加生动、具体。

1. 增加狼的动作和它具体的心理活动；
2. 补充狼的神态和它跟小羊说话时的神态；
3. 补充狼和小羊说话的内容与语气提示语；
4. 其他。

（三）再读发现，把握方法

1. 再读思考：第二个片段运用的语言描写、动作描写、心理描写有什么特点？

2. 出示课件（如图 8-1 所示），让学生比较发现口语化表达的特点。

改用口语化的用词

一只狼看见小羊在河边 饮水，想 找借口 把他吃掉。狼指责小羊把水弄脏了，小羊说自己在下游，不可能弄脏上游的水。

狼来到小溪边，看见小羊在那儿 喝水。狼非常想吃小羊，就故意 找碴儿，说："你把我喝的水弄脏了！你安的什么心？"小羊吃了一惊，温和地说："我怎么会把您喝的水弄脏呢？您站在上游，水是从您那儿流到我这儿来的，不是从我这儿流到您那儿去的。"

图 8-1

（四）小结

师：要把一个故事情节说具体，可以通过多个回合的对话、连续性的动作描写、丰富的心理活动，还可以通过神态描写、环境描写。

（设计意图：学生的自读发现大多停留在浅层次上，他们能发现第二个片段中运用的语言描写、动作描写、心理描写的特点，但多个回合的对话、连续性的动作、丰富的心理描写以及口语化表达的特点，学生比较难发现。教师可以通过适度的点拨，引导学生发现把民间故事说具体的方法，为迁移运用做准备）

（五）设置量规，学以致用

仿照例子，把牛郎织女初次见面的情节说具体。

出示学习任务二：

> 运用上面《狼和小羊》例子中把情节讲具体的方法，展开想象，说说牛郎织女第一次相见后给对方留下怎样的印象，他们会怎么想，又会怎么说、怎么做，以及牛郎织女当时的动作、语言、心理活动，从而把牛郎织女初次见面的情节说具体。（时间：6分钟。先自己打腹稿，然后小组练习，并运用评价量规互评）

评价量规见表8-1。

表8-1 评价量规

分类	评价标准描述	评价
情节说具体	能让人物开口说话，有多回合对话	★
	人物有连续性的动作	★
	人物有丰富的心理活动	★
	其他方法	★
语言要通俗	能恰当地运用口语化的用词	★
优秀：★★★★　良好：★★★　合格：★★　待努力：★			

小组派代表讲述，其他组运用量规评价，教师及时表扬、小结。

（设计意图：单靠教师很难对每个小组给予个性化的指点。评价量规可以充当学习的支架，引导学生学习；可以让学生清楚学习的目标，反思自己的学习，让课堂真正成为以学为中心的课堂）

三、顺势而导，联系生活

（一）在语境中体会俗语与成语的不同表达效果

出示：

> 王母娘娘知道了织女的事情后_____。
> 发誓要把织女捉回来惩罚她。
> 怎样描述王母娘娘生气的样子更合适？

师：从此，牛郎织女男耕女织，过上了幸福的生活，可王母娘娘却不高兴了。怎样描述王母娘娘生气的样子更合适？你能从"词句段运用"第一题的两组词中找到适当的词语来描述吗？

出示：

鼻子都气歪了	气急败坏
前怕狼后怕虎	畏首畏尾
盼星星盼月亮	望眼欲穿
打开天窗说亮话	直言不讳
吃水不忘挖井人	饮水思源

师：齐读两组词。你有什么发现？

预设回答：

（1）左右两边的两组词表达的意思是一样的。左边是俗语，右边是成语。

（2）每一组词的意思相近，但是左边的更口语化，是俗语；右边的是成语。

师：哪一组词可以用来描述王母娘娘生气的样子？

预设回答：

（1）王母娘娘知道了织女的事情后鼻子都气歪了，发誓要把织女捉回来惩罚她。

（2）王母娘娘知道了织女的事情后气急败坏，发誓要把织女捉回来惩罚她。

师：读读这两个句子，感受一下表达效果有什么不一样。

预设回答：运用俗语的句子语言通俗、活泼，运用成语的句子语言凝练、文雅。

师（小结）：民间故事是用口头语言进行文学创作并通过口耳相传流传的，所以讲述民间故事要用通俗的口头语言。

（设计意图："词句段运用"第一题意图让学生仔细体会这两组词语表达效果上的不同，并在教师的指导下理解俗语与成语的不同特点和作用。将俗语与成语分别放在描述王母娘娘生气的语境中，学生更容易发现语言的奥妙，也有助于学生将碎片化的语文知识串联融合成一个整体）

(二)根据俗语，猜成语

师：在生活中还有很多有趣的俗语，你们看，这些俗语用四字成语怎么说？（出示俗语）

> 一碗水端平
> 打破砂锅问到底
> 屋漏偏逢连夜雨
> 当一天和尚撞一天钟
> 癞蛤蟆想吃天鹅肉

师：生活中你还积累了哪些意思相近的俗语和成语？

(三)布置作业

搜集家乡流传的民间故事，选择自己喜欢的民间故事，试着用通俗的语言创意讲述，并把故事情节讲具体，带着故事参加"家乡风情民间故事会"。

（设计意图：生活是一片肥沃的土壤，积蓄着丰厚的语言资源，引导学生在生活中积累词语可以让语言积累回归"生活"这个"源头"。语文与生活紧密相关，它源于生活，应用于生活。搜集家乡流传的民间故事，讲述家乡风情、民间故事，可以让学生再次把语文学习拓展、延伸到熟悉的生活中，将学到的方法加以运用，在语文实践中提高语言表达能力）

（设计：吴素琴）

第三节　三看周瑜
——《草船借箭》"1+X"群文阅读教学设计

【群文议题】

三看周瑜。

【群文篇目】

《草船借箭》《念奴娇·赤壁怀古》《三国志》。

【教材分析】

统编版小学语文五年级下册第二单元的单元阅读要素是初步学习阅读古典名著的方法。《草船借箭》作为第一篇课文，教材编写者通过改写《三国演义》第四十六回的内容，降低了文本的阅读难度，激发了学生阅读古典名著的兴趣。同时将原文放于课后"阅读链接"中，与课文对应，让学生感受语言的特点。语文园地"交流平台"中也提示教师要引导学生借助资料了解三国时代的一些历史背景，进而加深对故事的理解。然而《三国演义》是元末明初小说家罗贯中根据陈寿《三国志》等材料经过艺术加工创作而成的长篇章回体历史演义小说，就小说的整体而言，"七分实事，三分虚构"，但具体到周瑜身上，这个比例可就严重失调了。罗贯中笔下的周瑜颇为负面，而历史上的周瑜真的如此吗？

【学情分析】

五年级学生的年龄在12岁左右，他们思维活跃，求知欲强，乐于表达、交流，思想开始走向成熟，这个时期正是引导他们明事理、辨是非，培养人文素养，提高语文能力的好时期。这时的学生已有一定的阅读量,掌握了一些学习方法,具备了一定的对比与思考能力。基于这种学情,选取群文进行阅读训练就较为合适。通过比较阅读的方式,学生可以树立文体意识,了解不同的"文体",感受不同作者笔下不同的周瑜人物形象。如此,学生对周瑜形象的理解会更加立体,学生的思辨意识与人文素养也可以得到提升。

【教学目标】

1.读:运用有选择地读、快速浏览、跳读、猜读、比较阅读等策略,阅读文本,感受不同文体中周瑜的不同形象。

2.思:群文阅读,思考不同作者笔下周瑜这一人物的形象为何不同?应该怎么对待别人对自己的不同评价?

3.达:进行语言训练,提炼、表述周瑜这一人物的形象。

【教学准备】

课件、阅读材料。

【教学时间】

1个课时。

【教学过程】

一、一看周瑜:课文中的周瑜

1.有选择地读,并让学生在读后回答:在《草船借箭》这篇课文中,你认为周瑜是一个怎样的人?学生填写表格后与同桌之间互相交流。

2.快速浏览:赤壁之战的相关资料。

3.分享交流:《三国演义》著作和影视作品的其他桥段,还让你感受到了周瑜怎样的形象?

(设计意图:课文《草船借箭》及《三国演义》著作和影视作品是学生接触周瑜这个人物的主要途径。在《三国演义》中,周瑜是一个风流倜傥、才华出众但心胸窄、气量小的人。这一环节的教学主要是让学生对周瑜的

形象认识尽可能全面,为后面周瑜形象的立体化做铺垫)

二、二看周瑜:宋词中的周瑜

1. 课件出示宋代苏轼的词《念奴娇·赤壁怀古》,让学生用多种形式阅读这首词,能背诵这首词。

2. 让学生结合注释想象,并用下划线画出苏轼描写周瑜的相关句子,畅谈"周瑜是个怎样的人"。

3. 了解苏轼写这首词的背景资料。

(设计意图:通过多种形式的读,让学生对这首词的学习达到能背诵的程度,同时引导学生根据诗词的内容说出词中所表现的周瑜形象。在这个过程中,诗人眼中正面的周瑜形象也就跃然纸上)

三、三看周瑜:《三国志》中的周瑜

1. 出示《三国志》(节选一),并让学生在读后回答:你看到了一个怎样的周瑜?学生之间互相交流。

2. 出示《三国志》(节选二),并让学生在读后回答:从这段记载和视频中,你又能看出周瑜是一个怎样的人?学生之间互相交流。

(设计意图:通过"三看周瑜",让学生在出示的两段古文中感受真实、立体的周瑜人物形象,并激发学生想要进一步了解周瑜的兴趣)

四、比较阅读:担当生前事,何计身后评

1. 分析"三看周瑜"过程中,周瑜形象的变化。

2. 引导学生思考:为何在《三国演义》《三国志》及宋词中,周瑜的形象截然不同呢?

3. 引导学生正确对待别人对自己的评价。

(设计意图:引导学生了解文体的特点,拓宽学生的阅读范围,激发想

要了解真实历史人物的学生对史实作品的阅读兴趣。在思维层面,让学生在文与史之间形成理性的判断;在价值观层面,让学生正确认识自我、发现自我)

五、作业布置

1. 推荐阅读:《三国演义》《三国志》。
2. 积累背诵:《念奴娇·赤壁怀古》。

六、板书设计

"三看周瑜"

——《草船借箭》"1+×"群文阅读

《三国演义》	有选择地读	
《念奴娇·赤壁怀古》	快速浏览	比较阅读
《三国志》	跳读、猜读	

附:阅读材料与学习单

阅读材料一:

念奴娇·赤壁怀古

[宋] 苏轼

大江东去,浪淘尽,千古风流人物。故垒西边,人道是,三国周郎赤壁。乱石穿空,惊涛拍岸,卷起千堆雪。江山如画,一时多少豪杰。

遥想公瑾当年,小乔初嫁了,雄姿英发。羽扇纶巾,谈笑间,樯橹灰飞烟灭。故国神游,多情应笑我,早生华发。人生如梦,一尊还酹江月。

注释:

(1)念奴娇:词牌名。又名"百字令""酹江月"等。

(2)赤壁:此指黄州赤壁,一名"赤鼻矶",在今湖北黄冈西。而三国古战场的赤壁,文化界认为在今湖北赤壁市蒲圻县西北。

（3）大江:指长江。

（4）淘:冲洗,冲刷。

（5）风流人物:指杰出的历史名人。

（6）故垒:过去遗留下来的营垒。

（7）周郎:指三国时吴国名将周瑜,字公瑾,少年得志,二十四为中郎将,掌管东吴重兵,吴中皆呼为"周郎"。下文中的"公瑾",即指周瑜。

（8）雪:比喻浪花。

（9）遥想:形容想得很远;回忆。

（10）小乔初嫁了（liǎo）:《三国志》载,周瑜从孙策攻皖,"得桥公两女,皆国色也。策自纳大桥,瑜纳小桥。"乔,本作"桥"。其时距赤壁之战已经十年,此处言"初嫁",是言其少年得意,倜傥风流。

（11）雄姿英发（fā）:谓周瑜体貌不凡,言谈卓绝。英发,谈吐不凡,见识卓越。

（12）羽扇纶（guān）巾:古代儒将的便装打扮。羽扇,羽毛制成的扇子。纶巾,青丝制成的头巾。

（13）樯橹（qiáng lǔ）:这里代指曹操的水军战船。樯,挂帆的桅杆。橹,一种摇船的桨。

（14）故国神游:"神游故国"的倒文。故国:这里指旧地,当年的赤壁战场。神游:于想象、梦境中游历。

（15）"多情"二句:"应笑我多情,早生华发"的倒文。

（16）华发（fà）:花白的头发。

（17）一尊还（huán）酹（lèi）江月:古人把酒浇在地上来祭奠。这里指洒酒酬月,寄托自己的感情。尊:通"樽",酒杯。

阅读材料二:

1. 孙权与陆逊论周瑜、鲁肃及蒙曰:"公瑾雄烈,胆略兼人。"——《三国志》(节选一)

注释:

（1）胆略:勇气和智谋。

（2）兼:加倍。兼人:超过别人。形容胆量和谋略胜过常人。

2.瑜少精意于音乐,虽三爵之后,其有阙误,瑜必知之,知之必顾,故时人谣曰:"曲有误,周郎顾。"——《三国志》(节选二)

注释:

爵:据《周礼·考工记·梓人》载:"梓人为饮器,勺一升,爵一升,斛三升。"

学习单见表8-2。

表8-2 学习单

篇目	作者	朝代	周瑜的人物形象
《三国演义》			
《念奴娇·赤壁怀古》			
《三国志》			

（设计:林梅清　指导:陈洁）

第四节　快乐读书吧《十万个为什么》阅读推进课教学设计

【设计说明】

1. 学情分析:《十万个为什么》是统编版小学语文四年级下册的"快乐读书吧"中推荐阅读的书目之一。本节课课前采用"问卷星",对全班同学进行调查,以了解学生的阅读进度。调查结果显示,80％的学生已经阅读完这本书,他们在阅读过程中最大的收获是:能学到许多科学知识,比其他文本读起来更有趣,了解了过去人们的生活方式等。阅读过程中遇到的最大难题是:读不懂书中部分科学术语,书中部分知识与现实生活不符等。基于这样的学情,本次教学旨在授以学生阅读过程中解决问题的策略,帮助学生更好地阅读科普作品。

2. 任务群归类:本节课的教学目标是教会学生尝试用学过的方法解决在阅读时遇到的不理解的问题;教会学生如何探索书中科学世界的奥秘,并分享阅读快乐;教会学生运用多种方法探索书中新的研究成果。新课标中整本书阅读任务群指向阅读的方式、策略、方法。因此,本节课的学习任务群属于思辨性阅读与表达任务群。

3. 基于"读、思、达"教学法,本节课旨在引导学生通过阅读、思考、表达这三个教学活动中的基本环节,对书本内容的阅读内化加工,形成自己的理解认知后,再输出表达。本节课设计时注重阅读方法的指导和阅读的强化训练,例如"我是科学解说员"

环节可以帮助学生内化书中知识，从而构建有助于培养学生思考力的课堂，按照"照着说""接着说""自己说"的顺序训练学生表达力。

教学评相融合，评价嵌入教与学，教学中有形成性的评价，教师与学生共享目标，引领教与学，基于学生课堂实情促进教与学，将学生达成素养目标需要"输出"的证据想明白。教学评价量规中基于"读、思、达"，有层次地给学生评价指明方向。

【学习目标】

1.让学生尝试用学过的方法解决阅读时遇到的不理解的问题。

2.教会学生学会如何探索书中科学世界的奥秘，并分享阅读的快乐。

3.教会学生学会如何运用多种方法探索书中新的研究成果。

【教学重难点】

教会学生学会如何通过不同方法探索科学世界的奥秘，并分享阅读快乐；让学生学会运用多种方法探索书中新的研究成果。

【教学策略】

1.迁移课文中习得的阅读策略，如推测、提问、写批注等。

2.利用快乐读书吧中的"小贴士"，指导学生阅读科普类作品。

3.运用"提问""思辨"策略，优化学生的阅读体验。

【教学准备】

教师准备多媒体课件，学生准备《十万个为什么》等科普图书。

【教学过程】

一、聚焦学情，激发兴趣

1.阅读情况调查，引入课题。

2.观看学生实验视频，与学生一起推测实验结果并询问学生：为什么这么推测？依据是什么？（板书：有依据地推测）

3.为什么要做实验？做实验对阅读有什么帮助？（引导：做实验是理解科普文的好办法）

（设计意图：新课标背景下，要培养学生发现问题的能力，更要培养学生解决问题的能力。作为阅读推进课，利用数据调查了解学生学情，引导学生观看视频后有依据地推测实验结果，为后续学生解决问题做铺垫）

二、聚焦内容，争当解说员

读思达活动一：

1.《十万个为什么》知识快问快答。

2.提问：你想推荐哪一章节？或者接下来你想读哪一篇？试着在文中相关部分做批注。

回答模板：我想推荐（接下来阅读）_____，因为_____（结合科学原理）。

做批注，小组讨论后互相评价。"解说员"上台解说，解说评价表见表8-3。

表8-3 评价标准

具体指标	星级
1.能从文中找到关键词句	☆
2.有理有据，说清原理	☆☆
3.语言流畅，表达精练，汇报时声音清晰	☆☆☆

（设计意图：阅读后能自信表达，鼓励发现；大胆表达，小心求证；理性表达，反思评价；三阶推进的螺旋式发展，这是高学段学生所需具备的能力。依据科普作品的文体特点，开展科普知识讲解活动，学生通过内化书中知识，构建有助于思考力培养的课堂，按照"照着说""接着说""自己说"的顺序训练学生的表达力，加强化学科表达力的培养）

三、聚焦方法，学以致用

读思达活动二：

1. "茶叶和咖啡的营养成分很少,此外,它们还含有对心脏和神经有害的物质。"书中提到喝茶对人体有害,(欣赏视频)视频表明喝茶对人体有益。思考:茶是喝还是不喝呢?学生思辨后自由表达。

学法小结:(1)发现并提出问题。(2)查资料验证。(3)得出结论。(作为后续活动评价标准)

2. 在文中找找是否也有随着时代的变化而产生的新的研究成果?完成研学单(见表8-4),拓展迁移。

表8-4 研学单

书中的内容	最新研究成果

3. 小组内交流讨论并评价,评价标准见表8-5。

表8-5 评价标准

具体指标	星级
我能发现并提出问题	☆
我会用查资料或做实验等方法验证	☆ ☆
我能清楚地将结论表达出来	☆ ☆ ☆

4. 思维拓展:回顾问卷调查中学生提出的难题,可以试着用哪些方法解决呢?学生讨论回答。

5. 课堂总结,学生谈收获。

(设计意图:第三学段,教师应引导学生分析证据和观点之间的联系,有条理地表达自己的观点,鼓励学生对文本进行评价;应鼓励学生借助现代信息技术,自主搜集和利用学习资源,拓展思路,支持自己的思路和论说。教师先示范找出书中知识点与现在科学知识不相符之处,教会学生解决问题的策略,再迁移运用到书中,学以致用;引导学生发现随着时代变迁,会有不少新成果,在阅读文本时要与时俱进,查阅资料探究新成果)

6. 拓展延伸。

（1）继续阅读《十万个为什么》；

（2）探索书中新的研究成果，搜集更多课外新发明、新创造。

四、板书设计

《十万个为什么》阅读推进课

有依据地推测　　　提问

查资料探新知　　　解决

附：《十万个为什么》预学单

教学目标：

1. 让学生尝试用学过的方法解决阅读时遇到的不理解的问题。

2. 教会学生学会如何探索书中科学世界的奥秘，并分享阅读快乐。

3. 教会学生学会如何运用多种方法探索书中新的研究成果。

读思达活动一：

请你画出文中你感兴趣的章节，并在课本上做批注后讨论。

温馨提示：我推荐（接下来阅读）_____，因为_____（结合科学原理）。

读思达活动二：

找到书中随着时代变化而产生的新的研究成果，完成下表（见表8-6）并小组交流讨论，试着互相评价。

表 8-6　书中随着时代变化而产生的新的研究成果

书中的内容	新的研究成果

（设计：郭婉玲　指导：陈军英、郭志芳）

第五节 《周长》教学设计

【教学内容】

人教版小学数学教材三年级上册第七单元。

【教学目标】

1.结合具体实物和图形,通过观察、操作、交流、辨析等活动,认识周长的含义,掌握周长概念的本质。

2.经历摸一摸、剥一剥、描一描、量一量等活动,学会测量简单图形的周长,在测量活动中掌握度量周长的本质,渗透转化思想,积累数学活动经验,发展量感、空间观念等核心素养。

3.在具体情境中体会周长与实际生活的联系,体会化曲为直的数学思想,学会用不同的策略解决问题,感受数学的应用价值,发展应用意识。

【教学重点】

体会周长的含义,会测量并计算简单图形的周长。

【教学难点】

理解周长概念的本质,选择合适的方法和测量工具。

【教学准备】

课件、学习单、直尺、绳子、小圆片等。

【阅读推荐】

数学绘本《栅栏栅栏围起来》《小鸡搬家》。

【教学过程】

一、奇妙故事，激趣导读

师：《狄多公主圈地的故事》里，泰雅国王的小公主狄多人生中最出名的一件事儿就是用牛皮绳圈地，这是怎么一回事呢？

出示故事：

> 传说公元前1193—前1184年，泰雅国的公主狄多为逃避同胞哥哥的追杀，带着随从乘船西渡，经过一番冒险之旅到达非洲海岸，现被称作迦太基的地方。公主见这儿不但地势险要，而且可以地处地中海交通要道，便决定在此建城。然而她的举动触犯了当地土著人的习俗，土著人禁止外来人占有超过一张牛皮大小的地方。狄多公主拿到牛皮后，没有直接把它铺在地上，而是把它剪成了很细很细的皮条，把这些皮条连接成了一条很长的皮绳，得到了想要的地盘。这下，自作聪明的雅布王傻眼了。可是他又不能违背自己的诺言，只能把土地赐给狄多公主。

师：为了得到最大的地盘，已知绳子的长度，应该把陆地围成什么样子？绳子的长度是陆地的什么？这节课我们一起来认识周长！

（设计意图：小学生很容易将周长和面积这两个概念混淆，通过阅读让学生在有趣的故事中直观地感受到周长指的是一条线段，面积则是一整片，并激发学生探究兴趣。围绕"公主用牛皮绳圈的一圈陆地在哪里？"这个问题并动态演示，引导学生直观感受"一周"的概念，抓住两个关键点：一是从起点出发再回到起点，二是沿着边线围）

二、丰富感知，认识周长

（一）摸一摸

1. 学生用手摸一摸、说一说身边物体的一周。

2. 学生上台摸一摸、说一说什么是数学书的一周。

(二)剥一剥

把数学课本表面一周的边线剥下来,这样一摆,你有什么发现?

(设计意图:结合实物,通过摸一摸、说一说、剥一剥,认识"一周"。通过剥离出长方形一周的边线,经历二维图形到一维线段的转化,引导学生真切地感受到长方形一周的长度就是长方形四条边线累加的长度)

(三)描一描

1. 拿出学习单任务一,用彩笔将你认为有周长的图形描一描。

2. 辩一辩:这里的角为什么不描?那怎么让它有一周呢?

小结:封闭图形一周的长度,是它的周长。

(设计意图:通过描一描、辩一辩的活动,让学生经历从平面图形中抽象出线段的过程,突破周长的本质是"边线"的长度这一难点;针对里面有边线的图形和角引发思辨,帮助学生形成周长的概念)

三、探究测量,理解周长

(一)量一量,内化"周长"概念

1. 讨论测量方法。

师:我们已经找出了这些图形的周长,想要知道这些图形的周长是多长,怎么办?用什么工具测量呢?

2. 测量图形周长。

(1)拿出学习单任务二,出示合作要求。

(2)学生动手合作,教师巡视、搜集学生成果。

(3)小组进行汇报。

师(小结):我们在测量时,要根据边线的特点灵活选择测量工具。线段围成的封闭图形,直接用尺量;曲线围成的封闭图形用"化曲为直"的方法测量。

（设计意图：从图形的直观感知到图形的度量感知，进一步理解周长的内涵，体验用边线叠加、化曲为直等方法测量周长，能根据需要选择合适的方法测量图形的周长，内化化曲为直的思想）

(二)"尺规作图"，感受周长本质

师：三角形能不能也变成一条线段，只测量一次就知道它的周长呢？我们来看一个特别的工具。（课件出示圆规，演示尺规作图的过程与方法）

（设计意图：通过动画直观演示，引导学生借助直尺和圆规作图，经历二维图形到一维线段的转化，感悟周长是用一维的量来表示二维图形的一种属性，感受线段长度的可加性，体悟数形结合思想，形成初步的几何直观和量感）

四、学以致用，解决问题

师：我们继续来听故事：工匠为国王建宫殿，设计师画好了规划图，可墙要垒多长呢？设计师们一边商量一边拿出绳子。（出示图8-2）

图 8-2

有一个设计师用绳子将矩形围了一圈才知道长度，有一个设计师却

只量了一条横的和一条竖的边,就知道了它的周长。他是怎么办到的?(出示图8-3)

图8-3

可现在工匠们遇到了一个更大的难题,这个庭院的周长怎么测量呢?(出示图8-4)

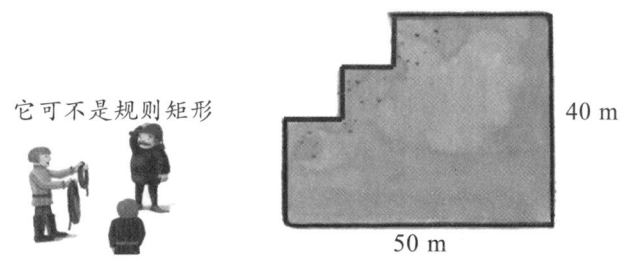

它可不是规则矩形

40 m

50 m

图8-4

工匠们是这样想的,先把凹进去部分的绳子一步步拉出来,原来这个凹凸不平的图形的周长和矩形的周长相等。(出示图8-5)

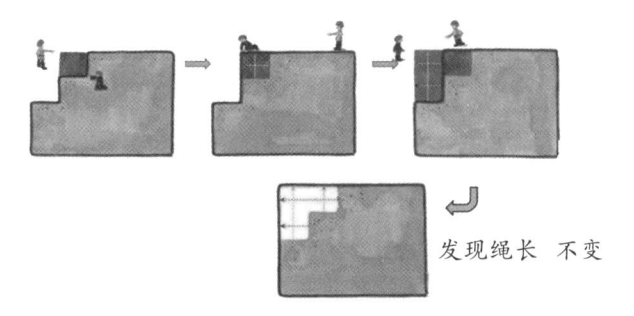

发现绳长 不变

图8-5

建好宫殿后所有人一起庆祝，老师也给你们准备了练习，一起来看看。（出示练习）

（1）在长方形草坪的一角修建一个长方形休息亭，草坪的周长有什么变化？

（2）跑步比赛：男生绕着甲草坪跑步，女生绕着乙草坪跑步，公平吗？

（3）组合图形：甲的周长是10米，那么甲、乙拼成的长方形的周长（　　　）。

A.等于200厘米　　B.大于200厘米　　C.小于200厘米

（设计意图：练习的设计紧密联系生活实际，由长方形的周长开始，到图形的变形，再到图形的组合，由计算到动脑思考，让学生在辨析中感悟周长的本质，在活动探究中提升核心素养）

五、总结延伸，构建框架

师：今天学习的周长是平面图形的长度，以后我们还会碰到什么样的长度问题呢？（出示导图，如图8-6所示）

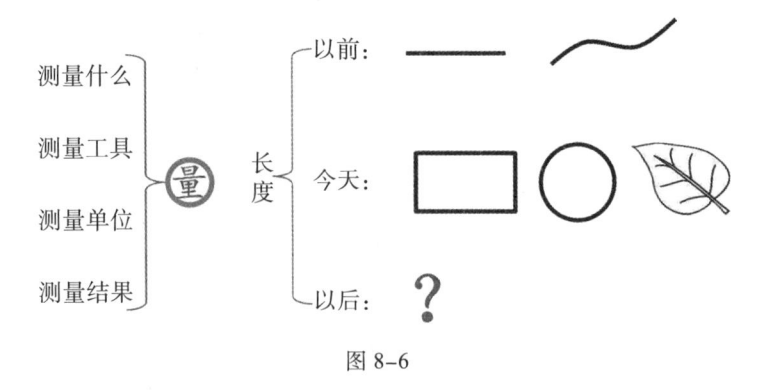

图8-6

（设计意图：总结回顾，归纳今天学习的长度跟以前学习的长度的不同，并关联将来，体现知识的结构性）

六、阅读拓展，意犹未尽

狄多公主用牛皮绳怎样围陆地能使陆地的面积最大？请看下图（如图 8-7 所示）。

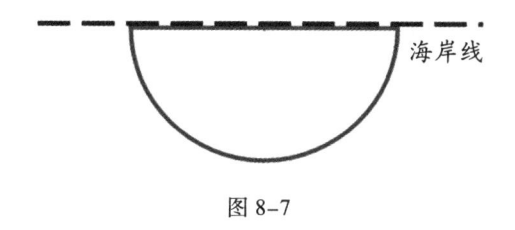

图 8-7

师：公主为什么要围成半圆形的土地呢？原来，用一定长度的绳子围出一块土地，其中土地围成圆时面积是最大的，而如果围成一个完全的圆形，那它的面积却是有限的。狄多公主利用了海岸线，把海岸线当成这个圆的直径，这样围得的土地是最多的。

（师小结）理解"一周"的概念，要抓住两个关键点：一是从起点出发再回到起点，二是沿着边线围。

（设计：陈秀娟）

第六节 《设计图纸上的学问——组合图形的面积》教学实录

【教学内容】

人教版小学数学教材五年级上册第六单元。

【教学目标】

1.理解组合图形的含义，初步了解组合图形面积的计算方法。

2.能正确分析图形，并能求组合图形的面积，提高运用几何知识初步解决实际问题的能力，提高观察分析的能力和解题的灵活性。

3.培养积极参与数学学习活动的热情，体会数学与自然及人类社会的密切联系。

【教学重点】

初步掌握组合图形面积的计算方法，会计算简单的组合图形的面积。

【教学难点】

能正确地把组合图形分解成几个已学过的图形。

【教学准备】

课件、学习单、尺子等。

【阅读推荐】

阅读单《设计图纸上的学问》。

【教学过程】

一、延伸故事，认识组合图形

(一)谈话导入

师：近几年我们身边二孩、三孩的家庭逐渐多了起来，据我了解，我们班的好几名同学当上了哥哥或姐姐，这当然除了和我们国家的基本国情、政策有关，也是因为现在人们的生活水平越来越高。正如我们材料所说，现在购房买车、装修居室等都是人们的消费热点。

我们今天的主人公乐乐，他家暑假也添了二宝，爸爸置换了一套新的房子，大家请看。（出示图 8-8）

图 8-8

这是乐乐家新房子的整体平面图，这张设计图纸上到底蕴含着什么有趣的数学学问呢？让我们一起开启今天的学习之旅吧。（出示乐乐一家人的对话文本）

在设计图纸上，乐乐看到了新房的整体占地平面图形和以前学过的图形不一样。爸爸告诉他，像这样由几个简单的图形组合而成的图形叫作组合图形。

乐乐好奇地问："那该如何求出我们家新房的占地面积呢？"于是爸爸提议开个家庭会议，共同来解决"如何求新房的占地面积"这个问题。

爸爸说："我可以通过添加一条辅助线，使它变成2个长方形，再根据长方形的面积，求出组合图形的面积。"

妈妈微笑着说："我也只要添加一条辅助线，不过我添加后求的是2个梯形的面积，再根据梯形的面积求出组合图形的面积。"

爷爷说："我也有一种方法，不过和他们都不一样，我的辅助线不是添加在里面，而是添加在外面，让它变成一个大长方形，再减去小长方形，最后也可以求出这个组合图形的面积。"

乐乐听到大家的发言，觉得很奇怪，爸爸、妈妈和爷爷通过添加辅助线，都可以将组合图形转化成几个他认识的图形，再求出组合图形的面积，原来同样的图形可以有这么多种算法来求它的面积！

通过大家的讨论，乐乐掌握了求组合图形面积的一般方法，而且开心地和爸爸说："爸爸，我只要测量出图形上的6条线段的长度，然后根据以前学过的图形的面积公式就可以求出咱们家新房占地面积了。"爸爸笑着说："乐乐，我可不可以偷偷懒，不测量出所有线段的长度，也能求出这个组合图形的面积呢？"于是，乐乐针对"至少需要几个数据才能求出这个组合图形的面积"的问题进行了思考。

同学们，你们能帮乐乐一起解决这个问题吗？

（二）出示学习目标

1.认识组合图形。

师：汇报之前，老师来考考大家，在设计图纸上，有一个这样的图形，通过阅读，你知道它叫什么图形吗？

生：组合图形。

师：你能具体说一说什么是组合图形吗？（板书：组合图形和基本图形）

2. 你收集到了哪些数学信息？

师：学习目标明确了，给大家2分钟时间，这次，请大家用数学的眼光再次阅读我们的文本，看看大家都能够从中获取哪些数学信息。

二、自主探究，解决问题

（一）阅读汇报信息

师：除了刚才的这条数学信息，你在材料中还获取了其他什么数学信息？

生：我获取了一个数学问题：如何求房子的占地面积？

师：你收集到了一个问题，那你找到了这个问题的解决方法了吗？找到了几个？

生：找到了，有3种方法，爸爸、妈妈和爷爷的方法。

师：请拿出你们的导学单，在导学单上用辅助线画出爸爸、妈妈和爷爷的方法，这里有一个温馨提示，辅助线要用虚线来画。

（二）展示方法

师：有谁愿意上台来画一画，说一说你理解了谁的方法？

生1：我理解了爸爸的方法，他是用辅助线将组合图形分成了2个我们认识的图形，最后求出这2个长方形的面积之和就是组合图形的面积。

生2：我理解了妈妈的方法，她是将组合图形分成了2个梯形，最后求出2个梯形的面积之和，也就是组合图形的面积。

生3：我理解了爷爷的方法，他是在图形外面添加辅助线，最后用大长方形减去小长方形的面积，也就是组合图形的面积。

生4：我有补充，爸爸的方法，除了可以横着分成2个长方形，竖着画辅助线也可以求2个长方形的面积。

（出示学生借助辅助线所作的图，如图8-9所示）

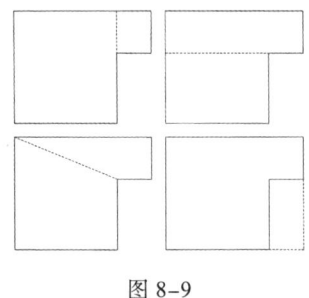

图8-9

（三）对比方法的异同点

师：看到大家都能准确理解爸爸、妈妈和爷爷的方法。对比观察这些方法，它们有什么相同点和不同点，和小组成员交流你的想法。

生（小组汇报）：不同点就是他们的辅助线画在不同的位置，相同点是都将组合图形转化成我们学过的图形。

生（补充）：他们的辅助线虽然不同，但他们算出的面积都不变。

（四）统整方法

师：好，我们把这种辅助线画在里面，最后求几个图形的面积之和的方法叫作分割法；把辅助线画在外面最后求几个基本图形的面积之差的方法叫作填补法。不管是用哪一种方法，都是将组合图形转化成基本图形后再求它们的面积。（板书：分割法、割补法、转化）

这种将未知转化成已知的思想叫作数学转化思想，同学们应该也不会陌生，因为在前面求基本图形面积的过程中都运用了这种转化思想，在今后的学习中同学们也将会用到。

三、深化故事，提升思维

(一)再次阅读，思维延伸

师：刚才通过大家的阅读反馈，我们也总结出了求组合图形面积的一般方法，那么在材料的最后一段，乐乐和爸爸的对话是什么意思，谁来说一说？

生：乐乐认为要求这个图形的面积，需要把所有线段的长度都测量出来，而爸爸认为可以偷偷懒，不用测量出所有线段的长度也可以求出组合图形的面积。

师：那你们认为有必要测量出所有线段的长度吗？至少需几个数据才能求出这个组合图形的面积？请观察课件并结合刚才的方法，思考这几个数据可以是图形里任意线段的长度吗？小组交流讨论。（出示图8-10）

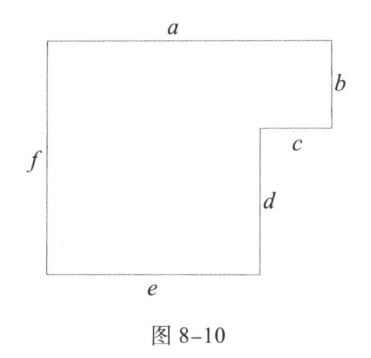

图8-10

生（汇报）：我们认为需要4个数据，首先我们是拿爸爸的方法来猜想，爸爸的这种方法是将组合图形分割成2个长方形，而求这2个长方形的面积都要知道长和宽，2加2等于4，所以我们猜想就是4个。于是我们用妈妈的方法来验证，确实是需要4个数据。

师：你们都认为至少要4个数据是吧？那老师给出 a、e、c、f 这4个数据可以吗？

生：不行，这4个数据中 a 与 $c+e$ 是重复的，这样就多给了数据，而另外需要的线段数据又没告诉我们。

师：那你们认为这4个数据可以是任意的吗？得添加什么前提条件？

生：重复的边不要重复给数据，但要求组合图形的面积，必须知道长和宽。

师：你们有没有发现，这里面也蕴含着数据的转化思想，也就是要想求 a，那我们可以转化为求 c 与 e 的和，要想求 b，可以转化为求 f 与 d 的差？

（二）回归材料，解决问题

师：这个是设计图纸上给出的具体数据（如图 8-11 所示），请同学们选一种你们喜欢的方法，快速算出这个组合图形的面积。

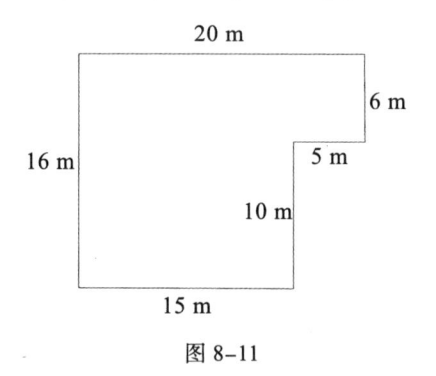

图 8-11

（师展示学生的作品）

师：不管用哪一种方法，我们都得到了一样的结果。

通过阅读整篇材料，我们从阅读中不但获取了数学信息，还收集到了数学问题并找到了问题的解决方法，可见，只要大家能够用数学的眼光去阅读，一定能够发现数学与生活是息息相关的。

四、回顾总结，深化内知

（一）同桌小结

师：对照学习目标，和同桌说一说你有什么收获。

(二)全班总结(略)

五、课堂检测

师:乐乐参观了新房子后,一家人想要去楼下的小区再逛逛,同时也感悟一些现实中组合图形的存在。我们一起来看看他们一家人具体去了哪些地方。

(设计:余丽娥　指导:谢智孟)

第七节 《岩石与土壤的故事》教学设计

【教材分析】

《岩石与土壤的故事》是教科版科学小学四年级下册的教学内容。岩石和土壤都是地球的组成物质，也是重要的自然资源，同时还是研究地球演化历史的重要客观依据。通过研究岩石和土壤，我们能够知道地球演化过程中的许多"故事"。本课是单元起始课，在组织学生粗略观察和描述采集到的岩石和土壤的表面特征、发现地点和用途之余，通过查阅资料等方式着重引导学生对为什么要研究岩石和土壤进行探究，让学生了解研究岩石和土壤的意义，旨在激发学生探究岩石和土壤的兴趣，认识到岩石、土壤记录了地球形成和演化的历史，是地球家园的重要资源，为后面的学习奠定良好的基础。

【学情分析】

四年级的学生对岩石和土壤并不陌生，因为它们随处可见。对于岩石和土壤中会有动植物的痕迹，学生也有所了解；对于岩石和土壤的用途，也能说一些。但大多数学生还不能将大自然中的岩石和土壤与记录地球演化的历史这个重要作用联系起来。本课的学习，就是在学生了解一些关于岩石、土壤知识的基础上，以岩石和土壤能告诉我们关于地球演化的历史的哪些信息为重点而展开的。

【教学目标】

科学观念：通过阅读资料，知道岩石和土壤是自然界中天然存在的物质,它们的形成过程记录了地球形成与演化的历史,初步形成岩石和土壤是地球的重要资源的科学观念。

科学思维:能运用分析、比较、推理等思维方法建立事实与观点之间的联系,具有证据意识。

探究实践:能通过阅读资料,分析、处理岩石和土壤具有重要作用的信息,初步具有分析处理信息并得出结论的能力。

态度责任:认识到自然环境为人类的生活和生产提供了丰富的资源,具有节约资源和保护环境的责任感。

【教学重难点】

教学重点:通过阅读资料,分析、处理岩石和土壤具有重要作用的信息。

教学难点:将岩石和土壤与记录地球形成和演化历史的重要作用联系起来。

【教学准备】

科学绘本《神奇校车——地球内部探秘》、岩石和土壤标本、教学课件。

【教学过程】

一、聚焦

1.观察岩石和土壤,说说你知道了什么,你想研究关于岩石和土壤的什么问题。

2.整理归纳本节课需要解决的问题:

(1)岩石和土壤分布在哪里?

(2)岩石和土壤是由什么构成的?

(3)岩石和土壤各有哪些用途?

(设计意图:通过观察岩石与土壤,了解学生的原有认知,并让学生自己提出所要探究的科学问题,激发学生的探究热情)

二、探索

(一)阅读绘本，提取关键信息

1.阅读绘本《神奇校车——地球内部探秘》，完成学习记录单。(时间：10分钟)

2.小组上台汇报，互动交流。

(设计意图：让学生带着问题阅读绘本，提取关键信息，提高学生获取信息、分析信息的能力)

(二)补充图片、视频资料，完善信息，得出结论

1.概括：岩石和土壤的分布。

2.交流：岩石是由什么构成的？（岩石是由一种或多种矿物组成的）

3.总结：岩石有什么用途？

预设：做建材、提炼金属、做珍贵宝石、做颜料……

4.补充阅读资料：魔鬼塔是美国第一个国家纪念地，高度有264米。它是花岗岩结构的火山颈地形，早期是一座火山，后来周遭的山壁被侵蚀掉了，只留下坚硬的玄武岩火山颈。科学家通过其岩石内的化学元素，确定它形成于五六千万年以前，是地心的岩浆上涌到地表，没有喷出去，冷却下来而形成的坚硬的火成岩。

提取信息：岩石的化学成分可以告诉我们它们的形成年代。

5.播放关于推测地球年龄的视频。

6.出示化石图片，了解古生物，说说为什么喜马拉雅山上有海洋化石？

7.思考：化石是怎么形成的？初步了解沉积岩形成的过程，推测岩石的年龄。

8.交流：土壤的形成及用途。

(设计意图：在互动交流过程中，通过问题串不断追问，启发学生思考，并通过补充图片、视频资料，完善信息，开阔学生的视野，从而对人们为什么要研究岩石和土壤有更深刻的理解)

三、研讨

岩石和土壤是自然界中天然存在的物质，它们的形成有的需要几百万年甚至更长的时间，所以每一块岩石和每一方土壤上都留下了大自然的痕迹。尝试用一句话概括岩石和土壤告诉了我们什么故事？（记录了地球形成及演化的历史）

（设计意图：将岩石和土壤与记录地球形成和演化历史的重要作用联系起来）

四、拓展

1. 回去查询资料，了解中国地质学家李四光、黄大年、刘东生的故事。
2. 推荐关于岩石和土壤的其他图书：《改变历史进程的50种矿物》《岩石与矿物》《矿物、岩石、土壤的故事》等，继续探究自己想研究的问题。

（设计意图：课后继续查阅资料了解地质科学家的故事，推荐关于岩石和土壤的图书，将课堂延伸到课外，让学生可以保持探究岩石和土壤的热情）

五、板书设计

岩石和土壤的故事

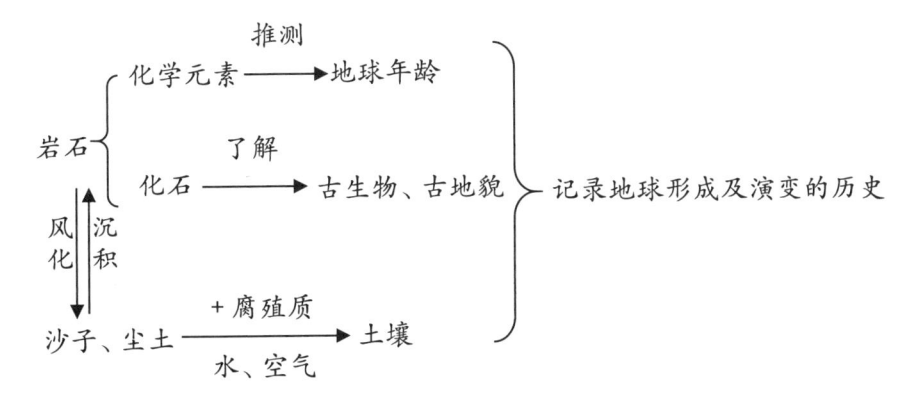

```
                   推测
         化学元素 ──→ 地球年龄    ⎫
  岩石 ⎨      了解                ⎬ 记录地球形成及演变的历史
   ↑↓   化石 ──→ 古生物、古地貌   ⎭
  风沉
  化积      +腐殖质
   沙子、尘土 ──────→ 土壤
            水、空气
```

附：阅读记录单

《岩石和土壤的故事》阅读记录单

第_____小组

通过阅读《神奇校车——地球内部探秘》提取关键信息（可图文、标页码），回答以下问题。

问题一：岩石和土壤分布在哪里？

问题二：岩石和土壤是由什么构成的？

问题三：岩石和土壤各有哪些用途？

（设计：陈妹仔　指导：徐灿）

第八节 《低碳生活每一天》（第二课时）教学设计

【教材分析】

《低碳生活每一天》是统编版小学道德与法治四年级上册第四单元"让生活多一些绿色"中的第3课。本课有三大板块："地球'发烧'了""减少我们的碳排放""说说我的'低碳经'"。本课借助地球"发烧"这一形象的说法，帮助学生了解人类的不当行为破坏了人类与自然界、地球之间本应具有的和谐关系。现在全球气候变暖，地球的"病"已经很重了。人类只有一个地球，我们必须反省自己的行为，从现在开始行动起来，低碳生活每一天，保护环境，保护我们赖以生存的地球。学习本节课有利于提升学生的责任意识和忧患意识，培养学生过一种健康绿色的生活，养成节约的意识；在寻找低碳生活方式的过程中，培养学生保护地球、爱护家园的行为意识。

【学情分析】

大部分孩子是热爱地球、热爱我们的生存环境的，有一部分爱读书、对科学感兴趣的孩子能够通过书本、网络等查找大气中二氧化碳增加是导致温室效应的主要原因，也能找到"低碳经"，还有一部分孩子需要老师引导、帮助才能找到相关的答案。有一部分孩子生活条件优越，经常铺张浪费，可能缺乏低碳生活的意识，需要引导和自主调查了解才能提升这种意识和能力。

【教学目标】

1.了解人类哪些行为会增加大气中二氧化碳的排放。

2.探索减少大气中二氧化碳排放的多种途径。

3.反思自己的家庭生活,减少"碳排放",积极参与环保活动。

【教学重难点】

探索减少大气中二氧化碳含量的多种途径,学习过低碳绿色生活。

【教学准备】

教师:多媒体课件、预习单、学习单。

学生:

1.了解家里近期的用电情况。

2.选择一件物品,搜集其"碳排放"资料。

3.搜集低碳生活的妙招。

【教学过程】

一、创设情境,导出主题

1.同学们,通过上节课的学习,我们知道地球"发烧"了,宇宙护卫队也得知了这个消息,他们非常着急,立即制订拯救地球计划,下定决心要减少我们的"碳排放"。作为地球人,我们能无动于衷吗?让我们一起去帮帮他们,好吗?

2.导出活动主题:好,这节课我们就一起帮宇宙护卫队减少地球上的"碳排放"。(板书课题)

(设计意图:创设宇宙护卫队拯救地球的情境,吸引学生注意力,激发他们探究的兴趣)

二、探究交流，感悟认知

(一)拯救地球计划第一步——环保大侦"碳"

1. 生活中的碳排放。

(1)教师播放《人一天的碳排放》视频，学生观后谈感受。

(2)学生交流上个月自己家庭的用电情况。

(3)教师启发:通过计算用电量,你有什么发现?

(设计意图:从学生身边的"碳排放"开始算起,让学生明白,低碳生活方式不是空中楼阁,就在我们身边。引导学生关注生活,启发学生用实际行动爱护地球)

2. 生产中的碳排放。

(1)教师播放《一件衣服的碳排放》视频。

(2)学生交流课前搜集的资料:一件物品的碳排放。

(3)教师小结:很多"碳排放"容易被我们忽略,很多物品在生产的各个环节都会产生"碳排放"。

(设计意图:学生在调查实践中去亲身经历就是一种体验。在互相交流中碰撞思想,在亲身体验中由远而近地探究身边物品的"碳排放",从而真真切切地明白地球"发烧"的具体原因,激发学生保护地球的情感)

(二)拯救地球计划第二步——探索低碳路

1. 教师故设悬念:有人说,既然使用电器、工业生产、私家车出行等现代文明生活方式会产生大量的"碳排放",不如回到以前,采用传统的方式生活。你同意这种观点吗?为什么?

2. 学生结合课前预习单,展开小组讨论。

3. 小组代表上台发言。

4. 教师小结:每个小组代表的发言虽然各不相同,但观点是一致的,我们都想要现代的方便、舒适、快捷,但要走低碳之路。

(设计意图:巧设问题,通过讨论,让每一个孩子都参与课堂,提高学

习积极性;让不同的观点在讨论中碰撞、整合,找出解决"碳排放"问题的最好办法)

(三)拯救地球计划第三步——绿色低碳行

1.教师播放《小新一家的旅行》视频。

2.学生观看后交流视频中不低碳之处,提出低碳生活的建议。

3.联系生活交流在我们的家庭生活中有哪些不低碳之处?

4.了解什么是碳补偿,学生交流参加过的碳补偿活动。

(设计意图:创设旅行故事情境,通过寻找情境中不低碳的做法,并提出低碳生活的建议,反思自己家里的不合理生活方式,引导低碳生活)

三、归纳总结,付诸行动

低碳生活的妙招有很多,积极参与碳补偿也可以减少"碳排放"。地球是我们的家园,是生命的摇篮,全人类需要共同携手努力减少碳排放。人与自然和谐相处,才能让生态更加健康,让地球恢复原先的美丽,让我们的生活像这朵七色花一样绽放。

(设计意图:归纳总结,深化主题,做到知行合一)

四、板书设计

减少我们的碳排放

(设计:林榕春　指导:连鸿霞)

第九节 Tortoise and His Friends 教学设计

【教材分析】

Tortoise and His Friends 为记叙文，故事主要讲述了陆龟 Tortoise 和他的动物朋友们 Monkey、Tiger、Elephant、Giraffe 想过河，他们都发挥自己的优势轻松过河，但是 Tortoise 不会游泳，所以不敢过河，不敢跟着他的朋友们那样跳或者贸然涉水。Tortoise 的朋友们秘密策划，合力在河上搭起了一座木头桥，Tortoise 终于可以过河了。通过 Tortoise 在他的朋友们多番帮助下最终能一起过河这个故事，让学生深切感受到朋友之间互相帮忙、团结合作的精神。

【学情分析】

通过近两年线上线下的绘本阅读经历，学生有了绘本学习的经验，积累了一定的阅读量，能较快地通过封面提取信息，如标题、作者等，增强了对绘本结构的理解。

通过闽教版五年级上册第八单元 My Friends 的学习，学生掌握了一部分描述人物外貌、长处、品质等方面特点的语言等，积累了一定的语言基础，能更好地理解文本和联系实际表达对绘本角色的看法。这为师生之间沟通、交流想法提供了语言支持和知识储备，有助于学生往更高层面的内化、理解并输出，从而在语言能力、思维能力等各方面得到锻炼和发展。

【教学目标】

在本课学习结束的时候，学生能够：

1.感知和理解故事大意,认识故事的主要角色Tortoise,Monkey,Tiger,Elephant,Giraffe,以及把握故事主线——Tortoise的动物朋友们互相帮忙,同心协力帮助Tortoise过河,学会梳理、概括事情发生的起因、经过和结果。

2.在板书的帮助下,复述故事。

3.分析与评价故事中出现的角色(Tortoise与他的朋友们)在处理过河这个事情过程中的不同表现和态度,评价不同角色的行为特点。

4.讲述自己是否有类似的经历,分享心得体会,升华故事主题。

【教学重点】

1.理解故事大意,提取故事发展的主线,描述故事发生的情节。

2.主要句型的运用和理解。

【核心词汇短语】

his, friend, poor, old, kind, helpful, or, friendly, big, strong

Elephant is very kind and helpful.

【教学难点】

1.根据故事的发展和结果,复述故事。

2.基于故事情节,结合主要句型,评价故事中不同人物的特点,并且联系实际谈谈对friends的理解。

【教学准备】

PPT课件、绘本、绘本PDF、绘本MP3。

【课时安排】

1个课时。

【教学过程】

Step 1 Pre-reading

1.Greeting.

2.Talk about animals.

3.Riddles about animals.

4. 引出 Tortoise，区别 turtle 和 tortoise。

（设计意图：通过播放有关动物的歌曲，营造轻松愉快的课堂氛围，谈论动物这一话题自然地与学生建立联系，调动学生已有的知识与生活经历；借助猜谜语的游戏，既能复习关于动物的知识点，又能通过这几句描述动物的语言，联想动物的特性、品质等，为后面分析文本人物特点做铺垫；通过设计关于龟的谜语，帮助学生分辨海龟与老陆龟的区别，与学生共同讨论海龟与老陆龟的不同特性、特点等，并且自然引出绘本主角 Tortoise）

Step 2 While-reading

1.出示封面，了解书名、作者、绘者、出版社等。

T：We are going to read a story about this tortoise. Look, this is the cover of the story book.

2. 观察封面图片细节，预测故事。

T：Look at the picture on the cover.What can you see and what do you want to know from the picture?

3. 师生共读第 2～3 页，观察图片，了解故事发展的背景，引导学生观察动物（Tortoise, Monkey, Tiger, Giraffe）的情绪。

（设计意图：培养学生对图片的观察能力，能根据图片中的细节，在已有知识的基础上，敢于使用所学语言，大胆猜测，从而锻炼英语思维能力，引发学生对故事的阅读兴趣，激发阅读渴望）

4. 师生共读第 4～5 页，观察图片，获取 Tortoise 的朋友们过河的方式。

T：How do the animals cross the river?

T：Do you think other animals will help Tortoise? How can they help Tortoise?

5.学生自读第 6～10 页，观察动物们的表现；教师引导学生观察语言和表达。

T：Tortoise can't cross the river; he is very sad. What can he do? What will his friends do? Let's read Page 6～10.

6.学生自读第 11 页，观察动物们的表现，教师引导学生观察语言和表达。

7.继续图片环游，共读第 12～15 页，通过提问设置悬念，猜测故事的情节发展，猜测朋友们会采取什么措施帮助 Tortoise 过河，带着悬念和猜测阅读故事，找出故事结尾。

T：How can they make a bridge?

（设计意图：学生自主阅读，然后通过师生间的问题互动，帮助学生了解故事的发展过程，了解故事主要内容，理解生词难句；教师通过提问，引导学生对故事进行深度思考，让学生不仅关注故事内容，更关注动物的特性与品质以及主人翁 Tortoise 起伏不定的心情）

Step 3　Post-reading

1.学生跟着录音读故事，感受整个故事。

2.小结故事概要，与学生一边板书一边复述故事。

T：Today we read a story about Tortoise and his friends. Do you like the story?

T：Let's try to retell the story.

3.延伸讨论。（根据实际情况，生活体验，师生交流）

T：When your friend is sad, what can you do for your friend?

T: Have you ever helped your friends? How do they feel?

T: Have your friends ever helped you? How do you feel?

4. 总结与提炼。

T: Tortoise has good friends, we have friends, too. We help each other. We feel happy!

（设计意图：学生通过跟读模仿故事，内化语言，感受整个故事，关注语音语调，认读词句，最终能自主朗读；通过师生互动，层层递进的问题，阅读内容再次出现，在复述的过程中完成板书；学生在理解故事的基础上，联系实际，尝试用已知语言，深入思考，表达自己的观点，从而养成爱思考、敢质疑的思维习惯，让思维再次活跃，完成迁移创新）

（设计：段婷婷　指导：黄楠楠）

第十节　*Tiger Is Coming* 教学设计

【文本分析】

Tiger Is Coming 选自《丽声北极星分级绘本·第一级·上》中的一个故事类读物，介绍了不同动物给老虎过生日的故事，小动物为了给老虎一个惊喜，根据自身特点分别躲藏到不同地方，展现了小动物之间的友爱之情。

1.What：主题意义和主要内容。

故事主要讲述了各种小动物给老虎过生日的故事，表达了小动物之间相互友爱的主题。故事中，小动物在窗前看到老虎来了，纷纷根据自己的特点躲藏在房间的不同地方。在这一过程中，读者可以学习到不同的方位介词。老虎进入房间后发现没人，大吼一声，结果各个小动物都跳了出来并对老虎说："生日快乐！"结局既出乎意料又在情理之中。

2.Why：写作意图。

作者通过描述不同的小动物为了给过生日的老虎一个惊喜，躲藏在不同地方的故事，展现了小动物之间的友爱之情，培养学生相互关爱、相互友爱之情。

3.How：文体结构和语言修辞。

本文使用一般现在时展开故事的叙述，可以分为Beginning，Body，Ending三个部分。开始部分写到小动物在窗前向外观看，发现老虎来了，纷纷躲藏起来；中间部分写到小动物根据自己的特点躲藏在房间的不同地方，特别是斑马，躲藏在和自己条纹一样的窗帘旁,体现出小动物的智慧;故事结尾,作为好朋友的小动物们给了老虎一个惊喜,和老虎一起庆祝生日,为读者呈现了一个老虎和其他小动物相亲相爱的结尾。故事以… and …hide beside/behind/by/…结构呈现,在教学中可以用Who can you see?和Where do they hide?引导学生理解故事内容。本文出现的动物类单词有: cat and bird, dog and monkey, fox and panda, giraffe and rat, zebra。本文通过小动物躲藏的地方,引出方位词behind, under, by, beside, in, 以及房间物品词汇chairs, bed, table, door, curtains。

【学情分析】

五年级学生在前面的学习中已经掌握了cat, dog, bird, monkey等动物相关单词,但是giraffe, panda, zebra, rat, fox属于生词。在本学期的闽教版英语五年级上册Unit 1 Meeting New Friends中已经学过了表示方位的词汇。结合本地区学生的认知水平、学生的阅读能力、思维水平及绘本所传达的友情主题,本节课的教学对象定为五年级的学生。

【教学目标】

通过本节课的教学,学生能够:

1.提取不同动物躲藏在不同位置的信息,通过板书…hide behind/under/beside/by…来叙述故事。

2.根据学生的思考与判断,分析动物躲藏的不同位置是否合理。

3.感受小动物之间的友爱之情,明白小朋友之间也要友好相处。

【教学重难点】

教学重点:

1.提取不同动物躲藏在不同位置的信息,通过板书…hide behind/

under/beside/by…来叙述故事。

2.根据学生的思考与判断,分析动物躲藏在不同位置是否合理。

教学难点:

1.根据不同小动物的特点,理解它们躲藏的不同地方的原因。

2.正确理解hide的意思。

【教学用具】

课内阅读材料:《丽声北极星分级绘本·第一级·上》*Tiger Is Coming*。

课件、图片。

【教学过程】

Step 1　走进故事,激活已知

1.Get to know.

通过与学生的聊天,激活学生关于方位词beside、behind、under、by、near等的知识储备。

2.Read the cover.

(1)Read the information of the book.

(2)What animals can you see?

(3)What do you know about "tiger"?

(设计意图:教师带领学生阅读绘本封面信息,引导学生关注封面图片传达的信息,认识故事人物,对故事内容进行预测,进入故事情境)

Step 2　故事呈现:环游导读,自主阅读

教师带领学生进行图片环游,浏览故事,通过问题引导和图片观察,

关注动物们的藏身之处。

1. 教师带领学生学习第 2 页。

提问：

What animals can you see?

（教师将学生所反馈的动物图片粘贴在一侧）

Where are they?

Guess: Why do they hide?（留下悬念问题，读完整本书后解决）

（设计意图：教师给学生讲述故事，带领学生进行图片环游，通过问题引导学生仔细观察图片信息，尝试理解文本信息，让学生进行预测或者评价，培养学生的阅读思维）

2. 教师带领学生学习第 3~8 页，学生根据教师所提出的问题，观察图片、听录音，理解故事。

Where do they hide?

Guess: Where can Zebra hide?

引导学生观察第 8 页图片，让学生尝试表达出 Zebra 所躲藏的地方，通过观察 Zebra 的表情和窗帘，帮助学生理解 Zebra 躲藏在窗帘边的原因。

（设计意图：在图片环游的过程中，适当回顾故事，帮助学生建构语言）

3. Think and share.

Do the animals hide in a good place?

4. 学生自读第 9~11 页，并用自己的语言简单描述这部分内容。

提问：

How does Tiger look in picture 9?

How does Tiger look in picture 11?

What will Tiger say to his friends?

（设计意图：引导学生阅读第 9~11 页，理解小动物为了给过生日的

Tiger 一个惊喜，故意躲藏起来的故事，也给学生一个出乎意料的结尾，让学生感受到小动物之间的友爱之情，珍惜同学情谊）

Step 3　故事巩固：内化、运用语言

1.Retell the story.

2.Answer the question at the beginning：Why do the animals hide?

3.Think：What do you think of Tiger's animal friends?

（设计意图：复述内化语言，对故事中的人物行为进行思考和价值判断）

Step 4　故事拓展：理解内化，深度思考

1.Project：在教室里秘密地给班级的某名同学准备一个生日派对。

2.What can we do?

3.Where can we hide?

（设计意图：对阅读中所学语言、思维方式、价值观念进行综合应用）

Step 5　作业

1.朗读并分享故事。

2.完成 Project。

（设计：林益萍　指导：温颖）

后记

曾经听说一所学校各个学科的高考成绩都不甚理想,于是学校组织全校教师综合学生的意见深入地进行质量分析。学生说感觉某些题目理解起来有困难,如果能理解题目,其实完全可以做对。数学教师说,这是语文阅读理解能力练得不扎实;物理老师说,是语文阅读能力没训练好;历史老师说,是语文阅读能力没跟上;地理老师说,只能怪平时学生在语文学习上花的时间不够……结果分析下来得出的结论是,这次没考好的一个主要原因在于学生的阅读理解能力跟不上,而且大家把问题归咎于语文老师。于是,高中的语文老师怪初中的语文老师没给学生打好基础,初中的语文老师怪小学的语文老师抓得不牢固,小学的语文老师怪幼儿园的老师没有把语文的底子铺垫好,再下去只能怪"生产厂家"没有把孩子生产好了……

这仿佛是一则笑话,实则更接近于黑色幽默。从这则黑色幽默中我们可以看到,在很长一段时间内大家(即便是教育界的老师们)一提及阅读,就必定认为是语文学科和语文老师的事。

在我三十年的教育教学教研的过程中,我时常询问各个年级的学生每天有没有安排阅读的时间,大部分学生说:"赶作业都来不及,哪有时间阅读?"观察当下不少学生,他们阅读最多的就是各个学科的练习册。不少家长及老师在交流时都会关注这样一个问题:一些孩子读了十来年的书，可是，他们连教科书都不懂得怎么读，这是为什么？中小学学科中除了语文、英语会让学生阅读，强调阅读，其他学科基本上就是练习、操作与做题，其他学科的学习是不是不需要阅读？

阅读是教育的灵魂。每个生命都可以凭借阅读塑造丰富而独特的心灵世界，塑造灵活而智慧的思想世界。心与脑的活力不仅来自空气、水分、阳光、营养，还仰赖于阅读。

这里的阅读不是仅仅指向语文学科的阅读，而是各个学科，这就是我们所说的"全学科阅读"。朱永新教授提出，学科可以分设，知识可以分类，学习可以分期，但人的精神成长的需求却不能分割。中小学生在精神成长中，特别需要精神营养搭配全面的、成体系的阅读，特别需要学科内在知识与精神的相互融合与共同滋养。其实，世界、自然、社会、人生等都是综合的，知识的本质也是综合的。人类的学问无所不有、无所不包，将之按学科分类就是为了帮助学生更好地整体性理解世界、自然、社会、人生等。仅仅局限于语文学科的阅读是对人类认识的狭隘化、孤立化。要提高学科认识及对事物的综合理解力，就必须学习各个学科、各个门类、各个领域的知识，而各个学科、各个门类、各个领域的学习无一不需要阅读。

有家长称他的孩子一年级就开始学奥数，天天做题，现在一写作文，特别是写童话时，孩子就会说，他一看到小鸡、小鸭、小兔等动物，首先就会想起"鸡兔同笼"，想起什么动物有几只脚……

在饮食上"偏食"会造成"营养不良"，导致身体不健康；而在智力生活与精神生活上的"偏食"，也会造成"思维肥胖症"，导致智力生活与精神生活上的"狭隘"与"偏激"。只有进行全面的阅读，也就是全学科的阅读，才能促进学生全面和谐发展。"读全科，育全人"，教育部等八部门发布的《全国青少年学生读书行动实施方案》大力倡导青少年学生广泛、全面阅读。

"读以致其道，读以致其慧，读以致其能，读以致其长，读以致其乐。"莆田市教育局及市教师进修学院多年来积极建设"书香校园"，推广校园

"智慧阅读""全学科阅读"活动，并于2021年正式成立市校园阅读研究中心，组建幼儿园、小学各学科、中学各学科及家庭教育阅读等16个学科阅读中心组，共120多名成员，进行学科及全学科阅读的理论与实践研究。我有幸和众多志同道合的老师们一起参与全学科阅读的研究及推广工作。几年来，我个人研读了关于阅读学、阅读心理学、阅读科学、阅读策略、学习科学等相关著作200多本，参与各级各类学科阅读教学及研讨活动500多次，在大量的研读、实践、探讨中，我不断形成了全学科阅读的理论思考与实践策略，在此基础上，经过三年时间梳理写作了《全学科阅读怎么做》一书。

  我的每一本书的"生长"过程中，都蕴藏着许许多多值得我感念的人与事。感念在全学科阅读研究及推广路上同行者的共研共勉，感念各位师友的指导与支持；感念单位领导的宽容与信任，感念江西教育出版社夏荣华主任、曾琴编辑的鼓励与指导！

  我深信，种植一本书，就是种植一种信念，种植一个未来，种植一个"新生"——努力用自己的阅读、实践、思考、探索、勇气、心血来培植与浇灌。尤其重要的是，每位读者鼓励的目光，会让这本书的每个字随着读者的成长而生长。让我们一起来种植"全学科阅读"，打造一种新质的阅读生态，一种新质的教育生态。